Levada ou boazinha

AMY SCOTT
&
BOYD GEARY

Levada ou boazinha

97 dicas criativas para quebrar
a rotina no seu relacionamento

Tradução
Rafaela Ventura

CIP-Brasil. Catalogação-na-fonte
Sindicato Nacional dos Editores de Livros, RJ.

Scott, Amy
S439L   Levada ou boazinha/Amy Scott e Boyd Geary; tradução
Rafaela Ventura. – Rio de Janeiro: Best*Seller*, 2006.

Tradução de: Naughty or nice
ISBN 85-7684-105-3

1. Relação homem-mulher. 2. Amor. 3. Sexo. I. Geary, Boyd.
II. Título.

06-1503   CDD – 306.7
                              CDU – 396.2

Título original norte-americano
NAUGHTY OR NICE
Copyright © 2002 by Amy Scott e Boyd Geary

Capa: Tita Nigrí
Editoração eletrônica: DFL

Todos os direitos reservados. Proibida a reprodução,
no todo ou em parte, sem autorização prévia por escrito da editora,
sejam quais forem os meios empregados.

Direitos exclusivos de publicação em língua portuguesa
para o Brasil adquiridos pela
EDITORA BEST SELLER LTDA.
Rua Argentina, 171, parte, São Cristóvão
Rio de Janeiro, RJ – 20921-380
que se reserva a propriedade literária desta tradução

Impresso no Brasil

ISBN 85-7684-105-3

PEDIDOS PELO REEMBOLSO POSTAL
Caixa Postal 23.052
Rio de Janeiro, RJ – 20922-970

Dedicatória

A meu marido, Fred.
— Amy

Em memória de Betty Maloy, com meu amor.
— Boyd

Sumário

Introdução	21

BRINCADEIRA DE CRIANÇA

Boazinha: Voltar a ser criança	22
Levada: Xeque-mate	23

AS DEZ MAIS

Boazinha: Você é o(a) número1	24
Levada: As favoritas	25

ORÇAMENTO CURTO

Boazinha: Tudo de graça	26
Levada: Encontro barato	27

GASTADORES DE PLANTÃO

Boazinha: Dinheiro não é problema	28
Levada: Indulgência indecente	29

POÇÃO DO AMOR Nº 9

Boazinha: Uma lembrança aromática	30
Levada: Instinto animal	31

SUMÁRIO

ENCONTRO CHEIO DE MISTÉRIO

Boazinha: Elementar, meu amor	32
Levada: Detetive *sexy*	33

TURISTA LOCAL

Boazinha: Brincando de turista	34
Levada: Deixe-me mostrar o caminho	35

ÁLBUM DE AMOR

Boazinha: Colecione memórias	36
Levada: Fotos sensuais	37

ALTA COSTURA

Boazinha: Desfile de moda	38
Levada: *Avant-garde*	39

NO CINEMA

Boazinha: Sucesso de bilheteria	40
Levada: A todo vapor	41

PÉ-DE-VALSA

Boazinha: Maratona de dança	42
Levada: Ritmo quente	43

NO CAMPO OU NA CIDADE

Boazinha: Trocando de cenário	44
Levada: Mudança *sexy*	45

TRATAMENTO DE ESTRELA

Boazinha: Estréia de filme	46
Levada: O teste do sofá	47

SUMÁRIO

DANDO UM JEITINHO NA CASA

Boazinha: Invertendo papéis	48
Levada: Atendimento em domicílio	49

CORPO E ALMA

Boazinha: Nos passos da boa forma	50
Levada: *Spa* noturno	51

VIVA O FAROESTE

Boazinha: Segura, peão	52
Levada: Em busca do amor	53

A MÃE NATUREZA

Boazinha: Amantes da natureza	54
Levada: Sujos no chão	55

EMPENHO ARTÍSTICO

Boazinha: Espírito criativo	56
Levada: Arte no corpo	57

AMOR DE FLIPERAMA

Boazinha: Desafio das fichinhas	58
Levada: Jogos eletrônicos eróticos	59

TÃO FÁCIL QUANTO O ABC

Boazinha: Lição do dia	60
Levada: Lições de amor	61

TÚNEL DO AMOR

Boazinha: Feira de Ilusões	62
Levada: Parquinho de diversão	63

DE VOLTA À NATUREZA

Boazinha: Em busca do rústico 64
Levada: Amantes na natureza 65

TÚNEL DO TEMPO

Boazinha: Aqui e agora 66
Levada: Vivendo um romance 67

MADRUGADORES

Boazinha: Levantar e brilhar 68
Levada: Manhã ensolarada 69

HORA DO ALMOÇO

Boazinha: Um encontro tranqüilo 70
Levada: Almoço executivo 71

QUE TAL UM COQUETEL?

Boazinha: Batido, não mexido 72
Levada: Quero o meu bem forte 73

NA CALADA DA NOITE

Boazinha: Corujas noturnas 74
Levada: Na baía enluarada 75

HORA DA TEVÊ

Boazinha: Horário nobre 76
Levada: Tela quente 77

BUSCA LITERÁRIA

Boazinha: Poemas de amor 78
Levada: Livro comercial 79

SUMÁRIO

VIAGEM ALUCINANTE

Boazinha: Fuga interestadual	80
Levada: Viagem do prazer	81

BRINCANDO NO SOL

Boazinha: Sol da minha vida	82
Levada: Belezas bronzeadas	83

MOMENTO GASTRONÔMICO

Boazinha: Isso, sim, é comida	84
Levada: Receita de amor	85

A VIDA É DOCE

Boazinha: Manjar dos deuses	86
Levada: Um beijo de chocolate	87

O SHOW DEVE CONTINUAR

Boazinha: Viva a música	88
Levada: No clima	89

LEILÕES E NEGOCIAÇÕES

Boazinha: O sistema de negociação	90
Levada: Dinheiro pode comprar amor	91

VIAGEM APIMENTADA

Boazinha: Cantina criativa	92
Levada: Uma pitada de pimenta	93

DIAS CHUVOSOS

Boazinha: Chuva no telhado	94
Levada: Trovões no paraíso	95

Mantenha a limpeza

Boazinha: Dia de faxina 96
Levada: Limpeza total 97

Na companhia de estranhos

Boazinha: Encontro fortuito 98
Levada: Você vem sempre por aqui? 99

Tempo da escola

Boazinha: Educação superior 100
Levada: Educação sexual 101

Calor havaiano

Boazinha: O sabor das ilhas 102
Levada: Paraíso tropical 103

Manda ver

Boazinha: Cassino Royale 104
Levada: Sorte no amor 105

Delícias do norte/nordeste

Boazinha: Longo e quente verão 106
Levada: Noites do norte/nordeste 107

Subir, subir e voar

Boazinha: O céu é o limite 108
Levada: Além do azul selvagem 109

Encontros místicos

Boazinha: Par perfeito 110
Levada: Você vai conhecer um estranho alto
e moreno 111

SUMÁRIO 13

CORPOS CELESTIAIS

Boazinha: Escrito nas estrelas 112
Levada: Em órbita 113

ENCONTRO NO MEIO DA NOITE

Boazinha: Não tenho medo 114
Levada: Manto vampiresco 115

ENCONTRO DOS SONHOS

Boazinha: Tecendo sonhos 116
Levada: Explode coração 117

RENOVANDO O AMOR

Boazinha: Reviva aquele dia especial 118
Levada: Contagem regressiva para o amor 119

SORRIA

Boazinha: Fotografe 120
Levada: Cliques sensuais 121

APAGÃO

Boazinha: De volta aos velhos tempos 122
Levada: Tateando em busca do caminho 123

SEM PALAVRAS

Boazinha: Sons do silêncio 124
Levada: Linguagem do amor 125

PRESENTES DE AMOR

Boazinha: Pequenos favores 126
Levada: Novidades sensuais 127

Sumário

Um brinde

Boazinha: À nossa	128
Levada: Você tem sede de quê?	129

Corrente de amor

Boazinha: Amarrada em você	130
Levada: Capitão Gancho	131

O amor é cego

Boazinha: De olhos vendados	132
Levada: Sentidos sensuais	133

Trocando de lugar

Boazinha: Sua melhor metade	134
Levada: Invertendo os papéis	135

Eu nunca

Boazinha: Nunca diga nunca	136
Levada: Terra do Nunca	137

Caçada ao tesouro

Boazinha: Dê-me uma pista	138
Levada: Mim, Tarzã	139

O tempo voa

Boazinha: Bem na hora	140
Levada: Romance sem fim	141

A era dos computadores

Boazinha: Mensagem para você	142
Levada: Conectados e apaixonados	143

SUMÁRIO · 15

MASCARADOS

Boazinha: Por trás da máscara — 144
Levada: Doce ou travessura — 145

ROMANCE DE PRIMAVERA

Boazinha: O amor está no ar — 146
Levada: A febre da primavera — 147

AMOR DE VERÃO

Boazinha: Estação do calor — 148
Levada: Onda de calor — 149

PRAZER SEM LIMITES

Boazinha: Os embalos de sábado à noite — 150
Levada: Inferninho — 151

LUTA CORPORAL

Boazinha: Aqui deste lado — 152
Levada: Prontos para brigar? — 153

ANÚNCIOS PESSOAIS

Boazinha: Em busca de amor — 154
Levada: Ao gosto do freguês — 155

CRISTALINO

Boazinha: Tesouros transparentes — 156
Levada: Deleite completo — 157

RITMO LOUCO

Boazinha: Mexendo o esqueleto — 158
Levada: Muito *swing* — 159

SUMÁRIO

INVERNO NO PAÍS DAS MARAVILHAS

Boazinha: Quando o inverno chegar... 160
Levada: Quero que você me aqueça neste inverno 161

PRISÃO DOMICILIAR

Boazinha: Prisioneiros 162
Levada: A palavra paixão 163

ANOS DOURADOS

Boazinha: É hora de *rock-and-roll* 164
Levada: Duas silhuetas na sombra 165

A ERA DE AQUÁRIO

Boazinha: Bons tempos aqueles 166
Levada: Demonstração de amor 167

LÁ NO ORIENTE

Boazinha: As riquezas da Ásia 168
Levada: A gueixa sorridente 169

PATRÃO E EMPREGADO

Boazinha: A seu dispor 170
Levada: Servidão sensual 171

A VIDA ESPORTIVA

Boazinha: Amendoim e pipoca 172
Levada: Dê-me um A-M-O-R 173

NATAL TODO DIA

Boazinha: Feliz Natal, meu amor 174
Levada: Ho, ho, ho 175

SUMÁRIO

RUMO AO PARAÍSO

Boazinha: Seu lugar romântico	176
Levada: Sature seus sentidos	177

FERVOR DO OUTONO

Boazinha: Hora de colher	178
Levada: Caindo de amores por você	179

FESTA DA TOGA

Boazinha: É tudo grego para mim	180
Levada: Festança e libertinagem	181

MUDANÇA DE CLIMA

Boazinha: Mudando as estações	182
Levada: Esquentando o clima	183

DIA DOS NAMORADOS

Boazinha: Você mora em meu coração	184
Levada: Nus como o cupido	185

RIR É VIVER

Boazinha: Marcas de expressão	186
Levada: Piadas sujas	187

PRIMEIROS SOCORROS DE AMOR

Boazinha: Cuidando com amor e carinho	188
Levada: Cura pelo sexo	189

REGRAS DOS RELACIONAMENTOS

Boazinha: Dançando conforme a música	190
Levada: Rompendo com as regras	191

FANTASIA DOS CONTOS DE FADA

Boazinha: Era uma vez...	192
Levada: Feitiço	193

VOLTANDO PARA CASA

Boazinha: Um bom filho à casa torna	194
Levada: Amor caseiro	195

CUIDANDO DO CORPO

Boazinha: Mais do que granola	196
Levada: Sensações naturais	197

COM A MÃO NA MASSA

Boazinha: Arte com argila	198
Levada: Moldar e modelar	199

PEGA-PEGA DO BEIJO

Boazinha: Fazendo biquinho	200
Levada: Colado em você	201

TRÊS DESEJOS

Boazinha: Gênios generosos	202
Levada: Noite das Arábias	203

ATÉ O FIM

Boazinha: Motoqueiros	204
Levada: Circuitos sensuais	205

BOMBARDEIOS PUBLICITÁRIOS

Boazinha: RP competente	206
Levada: Jornalismo de tablóide	207

SUMÁRIO

19

NA ÁGUA

Boazinha: Em alto-mar	208
Levada: Barco do amor	209

OUTRA VELA

Boazinha: Hoje é seu aniversário	210
Levada: Roupas de aniversário	211

AMANTES DA VELOCIDADE

Boazinha: Mantendo o ritmo	212
Levada: Ligue os motores	213

VELHOS TEMPOS

Boazinha: Adeus, ano velho	214
Levada: Tudo que brilha	215
Agradecimentos	217

Introdução

Então, como vai ser hoje à noite? Algo doce ou selvagem? Um encontro que vai pegar fogo ou é você que vai colocar fogo no encontro? Seja qual for o seu gosto ou nível de satisfação, *Levada ou boazinha* tem uma atividade que combina com seu estado de espírito.

Este livro foi escrito para casais em todos os lugares, para todas as estações, locais, duração e orçamentos. Algumas atividades são contidas, enquanto outras são agitadas. Não deixe de acrescentar um toque pessoal, a fim de que as atividades se ajustem a seu estado de espírito, sua disponibilidade e opções de vestimenta. Não se preocupe porque as atividades boazinhas não deixarão ninguém sem graça, enquanto as outras... bem, aqui entre nós, todo mundo tem seu lado levado, não é?

boazinhas

Voltar a ser criança

Para muitas pessoas, a rotina diária não dá muito espaço para brincadeiras. Quando éramos crianças, os fins de semana e as férias eram o momento perfeito para brincar o dia todo. Tirem um tempo juntos para redescobrir como é divertido brincar.

Escolham uma tarde e reúnam alguns de seus jogos favoritos da infância. Alguns são mais divertidos se jogados em grupo; então, convidem a família ou amigos para participar. Passem o dia jogando carta, xadrez ou até mesmo Banco Imobiliário.

Arrumem várias mesas de modo que várias brincadeiras sejam possíveis ao mesmo tempo. Sirvam comida de criança, como batata frita, cachorro-quente e hambúrguer.

Se o tempo estiver bom, por que não se aventurar no quintal e jogar uma partida de futebol, pique-esconde, chicote-queimado, ou peteca? Uma boa jarra de limonada ou refrigerantes seriam bebidas perfeitas. Antes de se darem conta, vocês estarão rindo juntos e já terão esquecido a enfadonha rotina.

Xeque-mate

Desde quando bolinha de gude ou dominó são brincadeiras sensuais? Dê um toque adulto a esses joguinhos!

Planejem uma sessão de jogos — só vocês dois. Existem várias opções para escolher os jogos dessa noite especial. Escolher juntos já é parte da diversão.

Há lojas avançadinhas que oferecem divertidos jogos de adultos e que podem ser praticados por casais. Além de ajudarem a conhecer o outro melhor, oferecem várias situações estimulantes.

Muitos jogos de sua infância podem receber um toque sensual. Twister é muito mais adulto quando jogado apenas de lingerie de seda. Outros jogos já são perfeitos para a ocasião. Brincar de Verdade ou Conseqüência — só a parte da conseqüência — ou de Salada mista pode ser uma maneira divertida de iniciar uma noite de paixão.

Se nada disso der certo, sempre existirá o *strip poker*!

boazinhas

Você é o(a) número 1

As listas dos dez mais têm invadido as revistas e os programas de auditório noturnos. Por que não deixar um pouco de lado as frenéticas listas de tarefas do dia-a-dia e criar uma lista que vocês dois possam aproveitar juntos?

Marquem um dia para listarem juntos as razões que os levaram a se apaixonar. Reúnam todas as lembranças do relacionamento. A partir do que tiverem escrito, escolham as dez mais significativas para ambos. Façam duas cópias da lista final e guardem em uma carteira ou bolsa. Tê-la sempre por perto é uma garantia de sorriso, mesmo quando não estiverem juntos.

Os casais podem ficar tão envolvidos com a rotina que acabam se esquecendo de dedicar tempo a pequenos detalhes que tornam o relacionamento mais especial. Listem dez atividades que gostariam de realizar juntos. Coloquem em um local visível. Um dia qualquer, deixem a lista de compras de lado e partam para uma aventura a dois.

AS DEZ MAIS

As favoritas

Você já fez amor na praia durante o pôr-do-sol?
Que tal ficar de agarramento no fundo do cinema,
durante um filme?

Façam uma lista das dez idéias românticas que sempre desejaram colocar em prática. Sejam bem audaciosos e escolham locais ousados ou experiências picantes dentro de sua própria casa. Com um pouquinho de imaginação, vocês certamente vão apimentar a vida amorosa.

Para variar um pouco, faça uma lista de situações excitantes. Idéias como "Eu queria beijar cada centímetro de seu corpo" certamente chamariam a atenção de quem está com você.
Crie um cartão para cada idéia e coloque em um envelope fechado.

À luz de velas, peça que ele(a) escolha um dos cartões no envelope e leia em voz alta. Saber antecipadamente o que vem pela frente só torna a experiência ainda mais excitante. Ponham em prática quantas idéias desejarem. É bem provável que daí surjam ainda novas situações!

boazinhas

Tudo de graça

Se as melhores coisas da vida são de graça, você pode se divertir muito gastando pouco! É só ter imaginação e paciência para dar uma olhada no jornal. Organize um dia inteiro com atividades que não custem um só tostão.

Vocês podem visitar um parque ou jardim públicos, ir à inauguração de uma grande loja, torcer ao longo do trajeto de uma maratona, assistir a um seminário gratuito em uma loja de produtos para o lar, assistir a uma palestra em uma biblioteca ou hospital, ser voluntário por um dia em alguma organização local, ir a um *open house*, passear em uma galeria de arte, visitar um hotel e tomar um drinque no bar do saguão, sentar nos lugares mais baratos em um evento esportivo, ir a um bazar de garagem, uma feira de artesanato ou dar uma passadinha na biblioteca e escolher livros que sempre quiseram ler.

Um piquenique em um local aprazível é uma ótima opção de almoço econômico. Coma em um restaurante *fast-food*, use um cupom "Leve dois, pague um" em um restaurante ou procure amostras grátis em um supermercado.

ORÇAMENTO CURTO

Encontro barato

Será que só os *bad boys* e as meninas malvadas conseguem se divertir? Descubra explorando seu lado selvagem e realizando as mais secretas fantasias na segurança de seu relacionamento.

Se forem ficar em casa, transformem o quarto na "casa da luz vermelha", com lâmpadas vermelhas, abajur com franjas e perfume barato espalhado pelo cômodo. Coloque um vinho qualquer para gelar e beba em copo de papel. Surpreenda o companheiro usando sua roupa íntima mais vulgar.

Se forem sair, procurem um restaurante-bar com luz fraca e sentem-se em um sofá. Vocês terão um cantinho particular para se aconchegar, brincar com os pés e ver até onde as mãos chegam embaixo da mesa. Diga a ele(a) que está sem nada por baixo da roupa. Beijem-se apaixonadamente toda vez que o garçom se afastar da mesa.

Em seguida, vá até uma boate em que toque algum tipo de música *sexy* e vibrante que desperte seus instintos mais primitivos — que faça seu sangue ferver. Vistam roupas bem justinhas e dancem tão próximos que as pessoas pensarão que vocês estão grudados.

boazinha

Dinheiro não é problema

Quando foi a última vez que vocês puderam desfrutar um pouco de luxo e mordomia? Nem se lembram mais? Bom, levantem-se da cadeira, agarrem a oportunidade e aproveitem o passeio!

Passem um tempo juntos aproveitando os frutos de seu trabalho. Sem esquecer que nem todos se encaixam no padrão dos ricos e famosos, façam planos que não signifiquem longas dívidas.

Passem uma noite explorando uma nova experiência no jantar ou peçam uma entrada cara em seu restaurante favorito. Marquem um jantar romântico em um cruzeiro e admirem o luar de mãos dadas.

Aluguem uma limusine. Arrumem-se e assistam a uma peça de teatro, parando no final da noite para tomar um café ou um último drinque em algum lugar.

Se preferirem ficar em casa, peçam comida e sirvam em seu melhor aparelho de jantar. Abram uma garrafa de champanhe bem cara para acompanhar. Seja qual for a extravagância planejada, deve ser feita com estilo.

LeVada

Indulgência indecente

Não há riqueza maior do que o amor, mas um pouco
de mordomia nunca fez mal a ninguém!

Aventurem-se em uma experiência sedutora sobre a qual
vocês dois comentarão por meses. Planejem um
fim de semana em um *resort* luxuoso próximo de casa. Muitos hotéis
oferecem pacotes que incluem café-da-manhã completo. Não deixem
de escolher uma nova lingerie bem *sexy* ou uma cueca samba-
canção de seda para levar na viagem, o que certamente tornará
tudo mais agradável. Saiam do quarto ou não: a escolha é de vocês.

Que tal levar um pouco do paraíso para casa? Saiam para comprar
uma cama nova juntos. Nada desperta mais o romance do que uma
cama de dossel, bem grande. Complementem a nova aquisição com
travesseiros de pena, lençóis de cetim e um edredom bem grande
e macio. É bem provável que, antes de decidir ficar com a cama,
vocês queiram testá-la.

Comecem um novo ritual pós-sexo, oferecendo um ao outro
guloseimas, como chocolate e morango. Dividam uma boa
garrafa de vinho espumante na cama. Em pouco tempo, já estarão
criando seus próprios beijos de champanhe
e sonhos de caviar.

boazinha

Uma lembrança aromática

Não costumamos dar muita atenção ao olfato no dia-a-dia, mas, ainda assim, as fragrâncias influenciam em grande parte a maioria das nossas escolhas. Quantos produtos com cheiro você usa — desde o xampu até o aromatizante do carro?

Faça um *pot-pourri* das fragrâncias que compõem "a essência" de seu(sua) companheiro(a) para carregar consigo uma lembrança desse aroma especial.

Reúna pequenas amostras dos itens que têm o cheiro dele(a): gotas de perfume (em um pedaço de cartolina ou tecido), um pedaço de sabonete, raspas de uma vela, um pouquinho dos produtos usados no cabelo, um punhadinho do sabão em pó usado para lavar a roupa, uma borrifada do purificador de ar e mesmo um punhado de suas ervas favoritas. Misture tudo em um sachê e prenda com um laço de fita.

Faça um sachê dele(a) para você e outro com suas fragrâncias, para ele(a). Leve consigo durante a semana, no carro, na bolsa ou na pasta. Sempre que precisar senti-lo(a) mais próximo(a) de você, pegue o sachê e sinta aquele cheiro tão familiar. É como se ele(a) estivesse ali, bem à sua frente.

Levada

Instinto animal

Alguns alimentos e aromas têm a fama de ser afrodisíacos ou despertar o desejo sexual. Essas substâncias vão das mais simples, como alho, às exóticas, como chifre de rinoceronte em pó. O que poderia acontecer se vocês experimentassem todas em uma só noite?

Preparem uma refeição com alimentos "fortes": ostras, caviar, lagosta, maracujá, trufas, vinho, esturjão, champanhe, *foie gras* (fígado de ganso), cebola, pinhão, marmelo, nozes, uvas e, claro, chocolate. Alguns pesquisadores descobriram que os cheiros de pão com canela assando, *pizza* e rosbife são extremamente estimulantes, assim como os aromas de chocolate, baunilha e morango.

O que vestir? A roupa mais estimulante é em couro e pele, pela textura de origem animal.

Para dar um empurrãozinho a mais, usem água-de-colônia com óleo de almíscar ou *civet*, real ou sintético — que é retirado das glândulas de um tipo de gato selvagem — ou âmbar gris — que vem das baleias. Essas idéias aumentarão seu magnetismo animal, tornando-os irresistíveis um para o outro.

boazinhas

Elementar, meu amor

Por acaso, os romances de Agatha Christie lhe dão aquele friozinho na espinha? Você já sonhou alguma vez ajudar Sherlock Holmes em um caso pelas ruas sob a neblina de Londres? Talvez esteja na hora de você e seu(sua) companheiro(a) desvendarem um mistério juntos.

Trame uma aventura a dois. Em segredo, organize todos os detalhes da excursão. Em seguida, vários dias antes do passeio, comece a deixar pistas misteriosas. Enigmas ou objetos que façam parte da brincadeira devem deixar o(a) parceiro(a) intrigado(a). Não esqueça que as pistas devem ser ambíguas, para não revelarem a surpresa.

Um jantar-*show* daqueles interativos, misteriosos e cheios de *suspense* é uma maneira divertida de passar uma noite brincando de detetive. Procure algum hotel histórico ou estrada de ferro que possa oferecer esse tipo de experiência interativa. Outra opção é realizar você mesmo(a) o jantar de mistério. Você pode comprar *kits* assustadores, que já vêm com instruções para criar uma tremenda noite de *suspense*. Seja qual for sua escolha, aqui vai uma boa dica: fique de olho no mordomo!

Levada

Detetive *sexy*

Um misterioso crime passional está prestes a ser cometido em uma casa sombria, iluminada apenas pela luz de velas. As pistas levam a apenas uma conclusão: travessura! Quem fez? Só você e seu(sua) companheiro(a) serão capazes de responder a essa pergunta.

Para criar uma noite que consiga envolver e iludir o(a) companheiro(a), você precisará de um pouco de planejamento, mas valerá a pena. Invente uma série de pistas que o(a) guiarão por toda a casa. Inclua bilhetes de incentivo escritos à mão, pequenos presentes sensuais ou fotos picantes.

No final da trilha, esconda uma peça íntima do(a) parceiro(a), com um bilhete instruindo-o(a) a estar vestido(a) no quarto, onde se acredita que o suspeito esteja escondido. Espere no quarto escuro vestindo apenas um sobretudo. Parabenize o(a) detetive amador(a) pela astúcia ao desvendar seu crime perfeito. E não se surpreenda se ele(a) insistir em revistá-lo(a) completamente!

boazinhas

Brincando de turista

Que lugar é este? Tire miniférias sem precisar fazer longas viagens de carro, brincando de turista em sua própria cidade, apenas vocês dois.

Planejem um dia juntos e passeiem como se estivessem visitando sua cidade pela primeira vez. Peguem folhetos em pontos turísticos ou em um hotel e juntem essas informações ao que já sabem. Brinquem de turistas onde moram ou em uma cidade próxima que sempre quiseram conhecer.

Há muitas atividades por aí: longos passeios em um parque, compras em lojas da moda, almoço em um restaurante, visita a um museu, participação em um festival ou subida no prédio mais alto da cidade. Existem fábricas ou torres de cervejarias? Um passeio de charrete ou um cruzeiro marítimo não seriam românticos?

Percorram a cidade usando caminhos diferentes daqueles do dia-a-dia — por exemplo, andem a pé ou peguem um ônibus ou o metrô. Não deixem de ficar na rua até depois do escurecer, quando as luzes dão à cidade um brilho romântico. Ao final do dia, hospedem-se em uma pousada ou em um motel.

TURISTA LOCAL

LeVada

Deixe-me mostrar o caminho

Quando o dia de passeios turísticos terminar, passem uma noite explorando outros locais, oferecendo ao(à) companheiro(a) um *tour* guiado em um lugar muito particular.

Compre tinta para o corpo e desenhe um mapa seguindo suas curvas naturais. Inclua estradas, pontos turísticos e acidentes geográficos. Dê aos locais nomes que vocês dois já costumam usar ou pense em nomes inspirados nas partes do corpo. Morro Dois Irmãos e Torre Eiffel vêm logo à cabeça. Faça uma surpresa com um inesperado *striptease* e mostre "o mundo" ao(à) parceiro(a).

Meça no corpo dele(a) a distância exata entre os pontos A e B. A menor distância entre os dois pontos pode ser uma linha reta, mas percorrer as curvas será muito mais divertido!

boazinha

Colecione memórias

As fotografias são uma ótima maneira de comemorar eventos especiais, como aniversários de nascimento, de namoro e férias. Infelizmente, essas imagens costumam acabar em uma caixa de sapato ou no fundo do armário.

Organizar esses pedaços preciosos de história pode significar uma tarde divertida com o(a) companheiro(a). Comecem dividindo as fotos em categorias como feriados e férias. Comprem álbuns com páginas adesivas ou prendedores para as fotos e tornem a tarefa menos cansativa.

Lembrem-se com calma e detalhes das ocasiões das fotos. Acrescentar legendas e títulos ajuda a tornar o álbum mais interessante. Vocês podem ainda usar outras fotos para criar pequenos álbuns para a família e para os amigos.

Quando os álbuns estiverem completos, ofereçam uma festa e convidem os amigos a levarem seus álbuns e compartilharem experiências. Algumas empresas organizam festas em casa, oferecendo produtos e idéias que servem de lembrança. Incentivem os convidados a criarem novas memórias dando a eles álbuns de presente.

ÁLBUM DE AMOR

Levada

Fotos sensuais

Procurando pelo local perfeito para tirar aquela foto de seu amor seminu ou de vocês dois apaixonadamente entrelaçados? Por que não criar um álbum de fotos íntimas cheias de lembranças românticas do casal?

Misture fotos de ocasiões especiais com outras, mais íntimas. O álbum é só para vocês dois, portanto, não tenha medo de usar as imagens mais picantes.

Inclua também itens que tragam lembranças dos momentos eróticos a dois. Uma caixa de fósforos de algum motel barato onde passaram um fim de semana ou uma cinta-liga de uma fantasia bem sensual são boas aquisições. Use apelidos familiares e termos carinhosos nas legendas das fotos. Folhear o álbum pode ser uma boa fonte de satisfação para os momentos em que precisarem ficar longe um do outro.

Lembrem-se de incluir páginas em branco para as futuras aventuras amorosas!

ALTA COSTURA

boazinha

Desfile de moda

As roupas fazem o homem e a mulher. Seu guarda-roupa está precisando ser renovado, talvez para uma estação específica ou para todas elas? Trabalhem juntos e dêem uma forcinha um ao outro com seu conhecimento de moda.

Vocês dois podem ir a um desfile em uma loja, *shopping* ou feira de moda e folhear revistas específicas, anotando o que agrada a ambos. Depois, podem ir às compras e escolher roupas que gostariam que o outro experimentasse. O que ele(a) escolheu e você não escolheria? Ele(a) a(o) imagina mais *sexy* do que você se vê?

Ao chegar em casa, experimentem tudo usando o corredor como passarela. Tente imitar todos os movimentos que os(as) modelos costumam fazer enquanto o outro comenta o desfile.

Para uma tarde divertida de auto-aperfeiçoamento, um dos dois pode promover uma "transformação" no outro ou os dois podem ir a um salão juntos e experimentar um novo corte de cabelo, um tratamento nas unhas ou uma massagem facial. Não se esqueçam de elogiar quando experimentarem algo novo!

Levada

Avant-garde

Vocês passam correndo por lojas de *lingerie* ou corajosamente entram e gastam uma fortuna? Divirtam-se saindo para comprar peças íntimas para cada ocasião.

Comprem roupas íntimas sensuais, um corpete ou uma cueca samba-canção de seda. Talvez vocês possam experimentar até mesmo peças comestíveis. Em casa, faça um desfile de moda com as *lingeries* novas, indo da mais comportada até a mais levada. Ou, então, desfile com roupas muito sensuais que vocês já tenham no armário, com apenas uma peça nova — para ver se o(a) parceiro(a) está prestando atenção. Para ficar com uma aparência atraente e molhada, borrifem um pouco de água no corpo antes de "entrar na passarela".

Depois do *show*, participem de uma sessão de queijos e vinhos, na qual o(a) modelo (você) se encontra com a imprensa (ela/ele). Use a *lingerie* mais *sexy* que tiver. Será um bom início de conversa.

Para garantir uma diversãozinha extra depois do trabalho, tire a roupa do(a) companheiro(a) e, em seguida, vista-o(a) com uma roupa íntima de sua escolha. Veja até onde vocês conseguem ir!

boazinha

Sucesso de bilheteria

Pode ser que não haja um encontro mais tradicional do que jantar e pegar um cineminha. Assistir a um filme é uma atividade perfeita quando está difícil pensar no que fazer juntos. Pode ser que este não seja um programa tão sem graça.

Se tiverem problema para escolher o filme, por que não fazer uma sessão dupla? Cada um faz sua escolha, e vocês passam uma tarde inteira juntos no cinema. Não é preciso lembrar da pipoca, certo?

Alguns cinemas alternativos podem ser uma ótima opção para assistir a filmes estrangeiros ou independentes, se esta já não for a curtição de vocês.

Se forem fanáticos por filmes, planejem uma viagem a um festival de cinema. Além de assistir a filmes de ótima qualidade, ainda poderão conhecer a cidade. Como esses eventos são muito populares, planejem a viagem e comprarem os ingressos para os filmes com antecedência.

NO CINEMA

A todo vapor

Já sonhou algum dia ser o casal romântico de um filme?
Quem sabe não chegou a hora?

Planejem uma noite de lazer juntinhos na cama assistindo a filmes.
Escolham alguns com temas sensuais para despertar idéias
românticas. Dividam uma garrafa de vinho e comentem as cenas
eróticas. Antes mesmo de os créditos aparecerem,
vocês já estarão fazendo sua própria mágica.

Leve seu(sua) companheiro(a) a um local semelhante àquele que tenha
servido de cenário para um de seus filmes românticos favoritos.
Colinas, praias desertas, ilhas, aeroportos, barcos e até um esbarrão
simulado na esquina de sua rua podem criar o clima esperado.

Se preferirem criar seu próprio filme sensual, usem uma câmera
para registrar algum momento romântico planejado a dois.
Luzes, câmera, ação!

PÉ-DE-VALSA

boazinha

Maratona de dança

Na década de 1950, casais cheios de energia competiam em maratonas de dança, nas quais dançavam durante dias em busca de um prêmio. Quanto tempo vocês acham que seriam capazes de dançar sem parar? Anotem seus palpites, coloquem o ritmo favorito e dancem até cair de cansaço. Vejam quem desiste primeiro.

Gravem as músicas em uma fita cassete ou em um CD, para não perderem tempo. Usem suas músicas dançantes favoritas, de vários estilos diferentes, como *pop*, *hip-hop*, *country* e clássicas.

Se um de vocês dois não for um bom dançarino, arrumem uma fita de vídeo do tipo de dança que gostariam de dançar juntos e divirtam-se aprendendo os movimentos. Depois, como teste de fogo, vão a uma discoteca e coloquem em prática o que aprenderam.

Escolham diferentes estilos de danceterias ou apenas uma que toque os mais variados estilos de música e experimentem todos os ritmos em uma só noite!

Levada

Ritmo quente

Que tipo de música desperta seus instintos selvagens?
É o excitante R&B, o *pop* sugestivo, uma peça clássica de
ritmo, como o bolero de Ravel, a música instrumental
New Age ou uma música vibrante?

Para passar uma noite extravagante, compre uma peça íntima
para o(a) parceiro(a) e pendure-a na maçaneta da porta do quarto
com um bilhete: "Vista antes de abrir a porta." Não deixe
de esperá-lo(a) sentada(o) na pontinha da cama com uma roupa
sensual, que usaria em uma danceteria, e deixe uma música *sexy*
pausada no aparelho de som. Quando a porta abrir, toque a música
e peça que ele(a) dance. Deixe notas de dinheiro preparadas.
Em seguida, troque de lugar. Agora é sua vez de dançar.
Pegue um cabo de vassoura e faça uma versão caseira
de *striptease* em volta do mastro.

Se preferir uma noite mais tranqüila, vista alguma roupa da época
da música e decore o quarto de acordo com o período.
Se estiver dançando alguma música contemporânea, deixe o
ambiente semelhante a uma danceteria: pouca luz, música
alta e drinques preparados no bar. Comece o encontro
romântico com uma dança.

boazinha

Trocando de cenário

Está se sentindo entediado(a) com a rotina diária? Tire algum tempo com seu(sua) companheiro(a) para experimentar uma mudança de ambiente. Pode ser uma viagem curta, que dure uma tarde apenas, ou uma viagem de fim de semana. Às vezes, uma pequena mudança é suficiente!

A vida urbana pode ser muito estressante. Escolha uma rota e vá para o campo com o(a) companheiro(a). Visitem uma loja de artesanato local, um leilão ou uma ponte antiga. Preparem uma farta cesta de piquenique e passem a tarde em um campo verde ou ao lado de um riacho.

Se a tranqüilidade do campo estiver desanimando vocês, dê uma chance à cidade grande. Visitem os pontos turísticos mais quentes ou passem o dia percorrendo lojas típicas. Procurem um filme ou peça teatral e depois jantem em um barzinho ao ar livre. Um passeio de charrete também é um modo romântico de terminar a noite.

No campo ou na cidade

Levada

Mudança sexy

Sua vida amorosa está ficando muito previsível?
Talvez uma nova perspectiva possa esquentar um pouco
a relação. Lembre que muito trabalho e pouca diversão
fazem da vida um tédio completo!

Despeçam-se um tempo do local onde moram e dirijam-se
à área exatamente oposta: se moram no interior, procurem
a cidade, ou vice-versa.

Na cidade, marquem um tratamento com massagem sensual
em um *spa* de luxo ou participem de um seminário sobre a
sexualidade humana na universidade local. Façam carinho um no
outro durante um passeio de táxi pela cidade. Hospedem-se em
um hotel de luxo, peçam serviço de quarto e coloquem o aviso
"Não perturbe" na porta.

Se a vida agitada da cidade grande está esfriando um pouco
o romance, esquentem a vida sexual fazendo uma excursão ao
campo. Passem uns dias em uma casa alugada ou em uma fazenda.
"Seqüestre" seu(sua) parceiro(a) para o celeiro ou outro local inusitado e façam amor a tarde toda. Descubram um riacho isolado e
deixem a água fresca fazer contato com seus corpos nus.

boazinhas

Estréia de filme

As celebridades se arrumam com cuidado para as estréias. As mulheres usam vestidos longos desenhados especialmente para elas e pegam emprestadas algumas das jóias mais caras do mundo.

Façam sua própria estréia de filme em casa: vocês serão as estrelas. Saia do trabalho mais cedo para cuidar do cabelo, depois vista uma roupa muito chique, ponha maquiagem e todos os acessórios a que tem direito, no estilo de Hollywood. Posem juntos para uma fotografia se tiverem uma câmera com *timer* ou tirem a foto em um espelho.

Acomodem-se no sofá para assistir à estréia. Quando o filme terminar, preparem aperitivos *light* na mesa da cozinha e façam seus comentários — critiquem os atores, comparem sua atuação com trabalhos anteriores e discutam o potencial do filme.

Levada

O teste do sofá

Por trás das câmeras, a indústria do cinema não é tão glamourosa. A competição por papéis é tão acirrada que mesmo os atores já consagrados têm de fazer testes. E ouve-se muitas histórias sobre atrizes que ganharam um papel por causa do "teste do sofá", ou seja, tiveram de transar com alguém influente que estava envolvido no filme.

Preparem o sofá da sala para o teste. Os homens deverão usar calça justa e camisa aberta, mostrando o peito e algumas correntes de ouro, bem no estilo dos diretores de Hollywood mais canastrões. As mulheres terão de usar uma roupa provocante: saia bem curta e justa, *top* minúsculo, sem sutiã, e salto alto.

Entre na sala por uma porta próxima carregando seu livro de romance favorito, com a página mais sensual marcada. Leia com entusiasmo e paixão para o diretor, que precisará de muita persuasão de sua parte para se convencer de que você merece o papel.

boazinha

Invertendo os papéis

Não é verdade que sempre parece mais divertido arrumar o apartamento de um amigo do que limpar o nosso? Mesmo as tarefas domésticas mais chatas podem ser divertidas se não for necessário fazê-las o tempo todo.

Façam uma lista das suas tarefas e troquem um com o outro. Inclua de tudo um pouco: escolher um cartão de aniversário, livrar-se do lixo, fazer compras e trocar o óleo do carro. Durante uma semana, faça o maior número possível de tarefas que costumam ser feitas pelo(a) companheiro(a). Escolha algumas fáceis e outras difíceis. Pode ser que vocês precisem pedir ajuda ou orientação em relação a alguma tarefa específica. Vocês vão apreciar mais o que o outro faz.

No final da semana, compartilhem como se sentiram com a inversão de papéis. Não se esqueçam de comentar o quanto apreciam o que cada um faz.

Levada

Atendimento em domicílio

Encanadores cobram tão caro que seria bom conseguir um servicinho extra.

Coloque um robe de cetim e espalhe algumas roupas íntimas sensuais pela cama, bem à vista do parceiro.

Faça com que ele vá para casa com o pretexto de consertar uma torneira da banheira, que quebrou. Abra a porta meio agitada e desconcertada; explique que você imaginava que a ajuda levaria pelo menos uma hora para chegar. Mostre a ele o banheiro. Finja estar chocada ao ver as roupas íntimas em cima da cama e rapidamente tente escondê-las.

Quando se abaixar na banheira para mostrar qual é a torneira que está vazando, deixe o robe abrir e cair. Simule que ficou constrangida e, ao mesmo tempo, surpresa com a paixão despertada em vocês. Em seguida, leve o parceiro até o quarto.

boazinhas

Nos passos da boa forma

Você sabe que cuidar do corpo é importante, mas malhar sozinho(a), em geral, é menos divertido que fazer isso acompanhado(a). Separe um tempo para estabelecer uma nova rotina física com seu(sua) companheiro(a).

Comecem pela manhã fazendo alguma aula juntos. *Kickbox*, *step* ou *spinning* pode acelerar o coração e encher o dia de energia.
Se vocês não conseguirem aulas assim, podem procurar a trilha mais próxima de casa e correr, andar de bicicleta ou de patins.

Almocem algo bem leve, como salada ou sanduíche natural, e depois vão juntos até um *spa* para ter uma tarde de mordomia.
Muitos *spas* têm algumas áreas em que os casais podem relaxar juntos. Façam limpeza de pele, tratamento com algas marinhas ou massagem. Depois, fiquem juntos na sauna ou na piscina.

No final do dia, o corpo, a alma e o(a) parceiro(a)
irão agradecer.

Levada

Spa noturno

Por que pagar por um *spa* se você pode criar um na sua casa?

Criem o clima acendendo velas por toda a casa. Música lenta e aromas sensuais ajudarão a provocar uma atmosfera tranqüila.

Preparem de antemão todos os ingredientes para a noite mágica. Não se esqueçam das loções, dos óleos de massagem e dos sais de banho. Vinho, frutas e queijo complementam perfeitamente a noite.

Tomem um longo banho de espuma na banheira. Sequem a pele um do outro muito lentamente. Enrole o(a) companheiro(a) em uma tolha de banho ou roupão bem grande. Façam longas massagens com óleo quente. Uma massagem facial completa, com rodelas de pepino nos olhos, pode acrescentar um toque suave ao momento.

Depois de ficarem um tempinho no banheiro embaçado, o toque dos lençóis de algodão proporcionará uma noite inesquecível.

boazinhas

Segura, peão

Há muito tempo que algumas cidades do interior têm a mística da aventura e do romance. Escolha um dia e desperte o peão que existe dentro de você.

Cumprimentem o dia antes da alvorada e comecem a aventura com um café-da-manhã reforçado. Vistam suas roupas de couro e corram para o campo. Visitem um rodeio ou montem a cavalo.

Passem a tarde em lojas de produtos *country*. Vistam-se com as roupas típicas de última moda. Não se esqueçam das botas e dos chapéus. Façam uma refeição em algum local à beira da estrada e depois arrastem os pés em algum forró.
Fiquem na rua até o sol raiar!

Levada

Em busca do amor

Brincar de caubói não é diversão garantida só para as crianças. Brinque com seu(sua) parceiro(a) do jeito adulto.

Arrumem um espaço na sala para dançar. Coloquem luzes fracas e música sertaneja lenta, em volume baixo. Sirva cerveja *longneck* bem gelada em um balde cheio de gelo.

Transforme a noite em uma aventura: espere o(a) parceiro(a) na porta vestindo chapéu e botas, com um sorriso malicioso.
Depois de dançarem romanticamente, estique um cobertor no chão.

Todo peão que se preza sabe da importância do laço.
Com a permissão do(a) companheiro(a), use fitas de seda para gentilmente amarrar os pulsos. Depende só de você o que vai acontecer em seguida.

A MÃE NATUREZA

boazinha

Amantes da natureza

Ficar perto da natureza é revitalizante e renovador.
Passem um dia juntos cuidando
do seu cantinho no mundo.

Visitem uma floricultura ou loja de jardinagem e escolham uma
planta bem vistosa para colocar no jardim, quintal, na janela
ou mesmo para enfeitar a casa. Ou façam juntos um projeto
artístico divertido: enfeitem a parede da cozinha ou a do
banheiro com folhas de hera.

Se o jardim estiver precisando de um pouco de cuidado, vocês
podem criar uma nova paisagem. Usem todo o espaço ou apenas
parte dele. Ou brinquem de fazendeiros por
um dia plantando uma horta. Passem as semanas seguintes
cuidando dela juntos e poderão colher
o fruto do seu trabalho!

Se preferirem uma experiência longe de casa, visitem um jardim
botânico, uma exposição de flores, uma estufa ou um viveiro, uma
exposição de jardinagem ou uma criação de borboletas para
aprender mais sobre a natureza ou apenas para usufruir a beleza do
lugar. Não deixem de parar e cheirar as rosas!

A MÃE NATUREZA

Levada

Sujos no chão

Os pássaros fazem, as abelhas também. Está se
sentindo sensual? Deixe a natureza seguir seu curso
à medida que explora os elementos:
fogo, água, ar e terra.

Crie uma rota romântica cercando o pátio ou o quarto com flores
e plantas. Estenda uma lona no chão e vistam apenas avental e luvas
de jardinagem. Massageie o corpo do outro de modo sensual,
mantendo os dedos bem firmes. Em seguida, esfreguem-se no solo
fresco, respirando seu delicioso aroma. Depois, com um
spray, molhe aos poucos o outro, para criar um animado
ambiente enlameado. Por fim, desafie seu companheiro a lutar
com você na lama.

Quando terminarem, encha a banheira e coloque óleos essenciais
na água. Espalhe algumas pétalas de rosa para desfrutarem
uma experiência aromaterápica enquanto tomam banho juntos.
Acenda um incenso e deixe que um ventilador sopre uma
leve brisa da fragrância em vocês.

boazinha

Espírito criativo

Entrar de cabeça na beleza da arte mundial ajudará a alimentar a alma e o espírito criativo.

Coloquem suas roupas mais boêmias, como colete e boina. Se não tiverem as ferramentas certas para se sentirem no meio artístico, visitem uma loja de bugigangas e escolham alguns apetrechos originais — uma jaqueta com franjas que normalmente não teriam coragem de usar, por exemplo. É bem libertador fugir um pouco à normalidade!

Agora que estão se sentindo como artistas, visitem um museu ou uma mostra de arte. Outra opção é participarem de um leilão de arte. Nesses lugares, tentem descobrir o que agrada o outro nas peças e conversem sobre suas preferências. Aprender a conhecer de que o(a) parceiro(a) gosta ajuda a entendê-lo(a) melhor.

Depois, façam um piquenique em um lugar agradável, um banquete com vinho, queijo, pão e uva. Ou sejam mais criativos e preparem folhas de uva recheadas, tabule, *homus* (pasta de grão-de-bico) e pão sírio.

Empenho artístico

Arte no corpo

Dizem que a vida é uma tela em branco e que cada pessoa é livre para pintar o que desejar. Levem isso ao extremo e promovam em casa uma sessão de arte a dois.

Escolha algumas tintas para o corpo em uma loja ou compre lápis coloridos ou espuma de banho. Realize suas fantasias decorando o(a) companheiro(a) (ou a si, como surpresa) com desenhos coloridos.

Passem os pincéis leve e lentamente, ou mesmo os dedos, pelas curvas do corpo um do outro. Vocês podem pressionar uma folha de papel contra o corpo em uma parte do desenho, retirá-lo e guardar como *souvenir*. Repitam isso várias vezes e façam uma exposição de arte particular.

Se forem realmente ousados, um pode fazer-se de modelo vivo. Fique em pé em um banquinho ou degrau de escada no meio da sala, deixe cair o robe e fique nu(a), enquanto o outro, fingindo ser estudante de arte, faz um desenho seu.

boazinhas

Desafio das fichinhas

No início da década de 1980, o *videogame* estava mais do que na moda. Todo mundo sofria da febre do Pac Man e corria atrás do melhor e mais moderno jogo eletrônico. Voltem àquela época em que tudo o que vocês precisavam para fugir dos problemas era uma fichinha de fliperama.

Desafie seu(sua) parceiro(a) para uma tarde jogando *videogame* na loja de fliperama mais próxima. Muitos *shoppings*, cinemas e pizzarias oferecem jogos eletrônicos. Escolham só aqueles que podem ser jogados a dois e sintam a emoção juntos.

❧

Visitem uma loja de eletrônicos e escolham um jogo de computador que possa ser jogado pelos dois ao mesmo tempo ou um com desafios e enigmas, que os façam unir forças para resolver o mistério.

❧

Tirem do armário aquele velho *videogame* empoeirado da época do colégio. Passem a tarde relembrando os bons tempos e desafiem um ao outro nos jogos clássicos.

Levada

Jogos eletrônicos eróticos

Seu(sua) parceiro(a) não passa de uma criança se o assunto é *videogame*? Você se sente disputando a atenção do(a) namorado(a)? Você conhece bem o provérbio: "Se não consegue vencê-los, junte-se a eles!"

Planejem uma noite jogando *videogame* juntos em casa. Desafiem-se para ver quem faz mais pontos, valendo um prêmio *sexy*. Vista uma roupa sensual e empenhe-se ao máximo para distrair a atenção dele(a) do jogo. Ei, ninguém disse que era para jogar limpo!

Joguem seu *game* favorito, mas transformem-no em uma brincadeira de gente grande. Alguém quer jogar *videogames* valendo um *striptease*? Para cada jogo que alguém vencer, o adversário terá de retirar uma peça de roupa.

Escolham um título adulto na videolocadora local. Vários jogos oferecem personagens que competem em situações malvadas. Coloquem um pouco de pimenta: joguem na cama. Vocês passarão a ver o termo *joystick* sob uma perspectiva totalmente diferente!

Lição do dia

Quem poderia imaginar que o alfabeto poderia ser tão divertido?

Criem uma lista de atividades divertidas, cada uma começando com uma letra diferente (A para arco-e-flecha, B para boliche etc.). Escolham aleatoriamente uma atividade da lista e organizem um dia de aventuras que não constam da gramática.

Seu(sua) companheiro(a) pode ter uma letra favorita no alfabeto. Planeje uma tarde dedicada a essa letra. Lembrem-se de que os xilofones e as zebras são raros em algumas áreas!

Para completar o dia de A a Z, comece a manhã servindo uma enorme tigela de cereais em forma de letrinhas ou faça sopa de letrinhas à noite.

Terminem o dia juntos, jogando palavras cruzadas. Depois de um dia cheio, vocês estarão prontos para um pouco de ZZZ!

 Levada

Lições de amor

A aritmética pode esfriar o clima, mas o alfabeto certamente esquentará!

Brinquem de "mostrar e contar". Em tiras de papel, escrevam o nome de uma peça de roupa para cada letra do alfabeto. É bem provável que tenham de ser bastante criativos para encontrar peças com letras menos comuns.

Coloquem as tiras de papel em um chapéu e tirem uma de cada vez. Se estiverem vestindo a peça de roupa da tirinha, terão de retirá-la. Revezem-se. O vencedor leva tudo!

Por que não criar seu próprio livro de amor? Em um caderno, dedique cada página a uma letra do alfabeto. Escolha um local romântico para fazer amor que comece com cada letra e encha as linhas com as lembranças dessa experiência excitante. Melhor do que álgebra!

boazinha

Feira de ilusões

Comemorem a mudança de estação indo a uma feira, um festival, um parque ou uma festa local.

No parque, aproveitem todos os brinquedos favoritos de sua infância, como trem fantasma, roda-gigante, tobogã, carrinho bate-bate ou aqueles que vocês preferem hoje em dia.
Faça o(a) companheiro(a) participar daquelas brincadeiras que valem prêmio e tente ganhar um bichinho de pelúcia ou outro brinde bem bobinho.

Comam muita besteira: cachorro-quente, salsichão, batata frita, algodão-doce, maçã do amor, chocolate quente, churros e outras especialidades.

Dancem à luz das estrelas em uma feira ou parque com música ao vivo. Se estiver calor, segurem uma latinha de refrigerante ou de cerveja bem gelada contra a bochecha, esfreguem cubos de gelo no corpo um do outro ou derramem um pouco de água gelada na cabeça!

Levada

Parquinho de diversão

Os brinquedos dos parques de diversão são velozes, emocionantes e, às vezes, assustadores: oferecem várias oportunidades para abraços bem apertadinhos.

Enquanto vocês estiverem nas alturas da roda-gigante, no meio da escuridão assustadora do trem fantasma ou passeando tranqüila e romanticamente no túnel do amor, namorem como se estivessem sozinhos pela primeira vez.

Alguns parques apresentam artistas circenses e bailarinos com dons extraordinários. Quais são seus talentos especiais na cama? Façam movimentos contorcionistas, vistam malhas e experimentem a sensação. Gel e óleo lubrificante reduzirão o atrito.

DE VOLTA À NATUREZA

boazinha

Em busca do rústico

Depois de uma semana de longas horas de trabalho no escritório, enormes engarrafamentos na volta para casa, árduas tarefas domésticas, tudo o que vocês precisam é de um pouco de ar livre.

Arrumem as mochilas e calcem sapatos adequados para caminhada! Façam passeios em um parque próximo ou, então, em uma trilha. Se planejarem ficar o dia todo fora, não se esqueçam de levar lanche, um *kit* de primeiros socorros e muita água.

Transformem a caminhada em um safári fotográfico. Levem câmeras para o registro de imagens da fauna e da flora locais. Catem folhas do chão para identificá-las mais tarde em um livro de memórias da aventura.

Querem fazer isso durante todo o fim de semana? Levem uma barraca e suprimentos suficientes para vários dias. Muitos parques oferecem áreas de *camping*. Acampem e aproveitem algum tempo de caminhadas, banhos de rio ou simplesmente curtam os momentos de tranqüilidade.

Levada

Amantes na natureza

Liberte seu amor e perca a cabeça! Estimule o romance com um pouco de ar fresco. É isso mesmo: acampar pode ser muito excitante.

Se sua idéia de acampar é dormir sob as estrelas no meio do nada ou em uma barraca em seu jardim, um pouco de criatividade fará seu(sua) companheiro(a) uivar para a lua.

🌱

Assem alguns queijos no fogo e dêem na boca um do outro, enquanto ainda estiverem quentes. Abra uma garrafa de vinho tinto e deixe "acidentalmente" que o líquido derrame sobre uma parte desnuda do corpo do outro e, com muita sedução, lamba o vinho derramado nos dedos, na perna, na coxa... Quando a temperatura subir, nadem sem roupa. Mergulhem e sintam a água escorrendo na pele, causando arrepio.

🌱

Quando chegar a hora de dormir, perceba que, convenientemente, esqueceu de levar seu saco de dormir. É uma pena, mas você terá de fazer o "sacrifício" de dividir o saco de dormir com ele(a). Preparem-se para descobrir o verdadeiro lado selvagem da natureza!

boazinha

Aqui e agora

Você sabia que existem várias fazendas de café abertas à visitação pública e que algumas ainda têm suas senzalas preservadas? Não seria o máximo interpretar uma cena romântica daquela época em que os olhares eram ainda mais expressivos e as palavras muito mais ternas e sensíveis?

Escolham um lugar histórico na cidade ou nas redondezas. Pode ser uma lugar importante, como um palácio ou a mansão do governador, ou um lugar mais humilde, como uma cabana de madeira, um forte ou um antigo palácio da justiça ou cadeia. Ou viajem até outro estado, até uma cidade com alguma importância histórica.

Quando chegarem, imaginem como seria morar ali. Se tiverem de passar a noite, levem alguma roupa que lembre aquele período. Escolham um restaurante que sirva a autêntica comida da região. Para tornar a experiência mais real, pegue um livro da época e leia para o outro ou alugue algum filme romântico de época.

Levada

Vivendo um romance

Como seria viver em outro período? Fujam das preocupações do mundo moderno e passem um fim de semana imerso no passado.

Fiquem em uma pousada de uma região de importância histórica — e românticas camas rústicas. Marquem um encontro em um descampado e fujam juntos para um passeio secreto.

Levem suas roupas de noite no estilo mais colonial que houver, com rendas, capa com capuz, mangas compridas, camisa de gola de algodão branca, calças de couro ou veludo e botas. À noite, façam amor à luz de velas ou ao lado da lareira e depois bebam vinho juntos. Leiam trechos de romances clássicos um para o outro, mas apenas as cenas mais sedutoras.

Ou visitem uma fazenda grã-fina no interior, como uma fazenda de café, para conhecer seu passado rústico. Passem o dia andando a cavalo nas trilhas empoeiradas. Ao cair da noite, façam um passeio e parem em um local secular e façam amor em um cobertor de lã sob as estrelas. Não se esqueçam de levar uma garrafa de licor.

boazinha

Levantar e brilhar

Acertar o despertador para algumas horas antes pode abrir um novo mundo de possibilidades para vocês dois. Fiquem um tempo juntos antes que os dias tornem-se repletos de afazeres.

Quando foi a última vez que vocês assistiram ao nascer do sol? Acordem e caminhem em sua trilha favorita ou encontrem um local para estacionar o carro e assistir ao encontro do sol e do horizonte.

Surpreenda seu companheiro com café-da-manhã na cama: café completo, suco fresco, pães e frutas. Dediquem alguns minutos extras para se espreguiçarem embaixo das cobertas.

Se tiverem o costume de acordar bem cedo, por que não executar alguma atividade rápida juntos? Enquanto isso, podem cantar suas músicas antigas favoritas ou colocar o papo em dia.

Tirem uma folga da agitação do dia-a-dia e visitem um café ou uma loja de doces. Leiam o jornal juntos ou fiquem observando as pessoas correndo para o trabalho.

Levada

Manhã ensolarada

Algum problema para esquentar os motores de manhã? Acrescentem uma pitada de malícia para aquecer tudo!

Preparem-se para o dia tomando uma ducha revigorante a dois. Não se esqueçam de um bom arsenal de xampu sensual e buchas de banho. Sequem lentamente o corpo um do outro usando uma enorme toalha de algodão bem macia.

Acertem o alarme para tocar um pouco antes do amanhecer. Levantem-se, abram as cortinas e todas as janelas do quarto. Saiam dos lençóis e façam amor enquanto o sol enche o quarto com seus raios. Os vizinhos terão assunto para comentar durante semanas!

Passem a manhã inteira vestindo cada um apenas seu robe mais sensual. Um dos dois poderá servir uma bebida junto com o jornal no deque ou no pátio. Atraia a atenção do(a) companheiro(a) deixando sedutoramente à mostra uma pequena parte do seu corpo. Em pouco tempo, vocês já serão notícia!

boazinha

Um encontro tranqüilo

Sua rotina alimentar é sempre a mesma? Engole alguma
comida bem rápido junto com os colegas de trabalho,
se é que alguma hora pára para comer? Em vez disso,
almoce com seu(sua) companheiro(a) e passem
um dia maravilhoso juntos.

Marque um encontro com ele(a) durante o horário de almoço
do trabalho em seu restaurante favorito ou um de que goste, mas que
ele(a) ainda não conheça. Se existir algum restaurante conhecido por
proporcionar bons momentos românticos, escolha este.
Planeje com certa antecedência ou decida sem pensar, enviando
uma mensagem de texto ou um *e-mail*, pedindo que a(o)
encontre em determinado lugar.

Organize-se para levar flores, bombons ou algum cartão especial
para o almoço. Se seu horário for meio apertado, envie uma
mensagem ao vivo para transmitir um recado romântico.

Se o horário do almoço for muito concorrido, faça planos para
depois do expediente. Tente tornar isso um hábito semanal
ou mensal para renovar o relacionamento.

Levada

Almoço executivo

Um encontro amoroso apaixonado e clandestino é muito excitante e não precisa ser exclusividade dos filmes. Apimente um pouco o relacionamento e crie seu próprio segredo!

Você já tem o hotel ideal na cabeça; então, verifique a agenda do(a) companheiro(a) e faça uma reserva. Se ele(a) gostar de surpresas, mande uma mensagem de texto ou telefone pedindo que ele(a) a(o) encontre em uma limusine em frente a um local combinado. Ou você pode avisar antes, para que possam separar a roupa íntima favorita. Outra opção é pedir que ele(a) a(o) encontre no saguão ou no bar do hotel e depois vocês se registrarem como os "Silva".

Não deixe de levar sua comida afrodisíaca favorita ou peça serviço de quarto. Leve também muitas velas e incensos, espuma de banho e vinho; escolha um quarto com uma enorme banheira.

Você pode começar a pôr esse plano em ação em casa, deixando algumas dicas sobre o encontro.

boazinhas

Batido, não mexido

Porque não dar uma festa de coquetel clássica, que logo traz à mente a imagem de homens e mulheres da década de 1950 conversando e bebendo martínis?
Planejem uma reuniãozinha particular depois do expediente.

Convidem alguns amigos e colegas de trabalho com quem vocês gostem de conversar. Preparem um bar com várias opções de bebida, incluindo alternativas não-alcoólicas. Sirvam canapés *light* e animem o ambiente com música, como *jazz*, por exemplo. Arrumem a mobília de modo que as pessoas passam conversar.

Estão em busca de algo mais íntimo? Marquem um encontro em um bar de hotel ou em um *pub*. Escolham um local que ofereça bebidas diferentes, especiais, ou que tenha música romântica ao vivo.

Façam uma aula de *bartending* juntos e aprendam tudo: Bloody Mary, Caipivodcas, Piña Colada e até Sex on the Beach.

Levada

Quero o meu bem forte

Proporcione uma noite erótica capaz de ruborizar até mesmo o maior especialista em sedução.

Receba-o(a) na porta de casa com um martíni ou seu coquetel favorito na mão. Vista-se de modo provocante com *lingerie* de renda ou cueca samba-canção e robe de cetim semi-aberto. Faça-o(a) relaxar no sofá enquanto você faz uma massagem sensual no pé. Elimine a tensão das pernas cansadas usando suas mãos.

Peça que ele(a) vista algo mais confortável enquanto você prepara alguns aperitivos. Prepare outro coquetel para vocês dois. Coloque um CD do Frank Sinatra ou do Roberto Carlos, diminua a luz e dancem.

Façam amor no sofá da sala. Fale sussurrando e tire a azeitona de seu martíni e coloque na boca do(a) parceiro(a). Se possível, completem a noite tomando café ao ar livre. Se desejarem, compartilhem um cigarro ou um charuto

boazinhas

Corujas noturnas

Se os opostos se atraem, então é bem provável que um de vocês seja da noite e o outro, do dia. Veja como a outra metade vive. Faça com que a metade que dorme cedo fique acordada até tarde.

Afinal, o que as corujas fazem? Ficam agarradinhas no sofá assistindo à televisão até tarde ou simplesmente lêem juntas. Você também pode preparar um aperitivo. Além disso, também podem jogar carta, jogo de tabuleiro, *videogame* ou navegar pela Internet.

Saiam para jantar fora bem tarde da noite, assistam a um filme durante a madrugada, saiam para uma danceteria que fique aberta a noite toda, telefonem para amigos e parentes que morem em um lugar com fuso horário diferente ou visitem uma loja ou restaurante 24 horas: vejam o que acontece quando, em geral, um de vocês dois está dormindo.

Para uma aproximação noturna com a natureza, passeiem ao ar livre em busca de corujas, morcegos e outras criaturas da noite. Ou, no campo, deitem em um cobertor e fiquem observando as estrelas. Alguns planetários oferecem exibições noturnas do céu através de telescópios.

Levada

Na baía enluarada

A noite é ideal para o romance: lua cheia, casa silenciosa e apenas vocês dois. A lua cheia sempre foi conhecida por enlouquecer as pessoas. Quais são as suas fantasias?

Esquentem os motores alugando um vídeo quente ou assistindo a um filme "adulto" na tevê. Se vocês forem realmente ousados, filmem ambos em uma situação romântica e coloquem no vídeo. Certamente vão querer *replay*.

Coloquem suas roupas mais sensuais e, em uma danceteria que toque algum ritmo sensual, dancem muito, até ficarem exaustos.

Se voltarem para casa antes da meia-noite, façam uma contagem regressiva própria, *sexy* e especial, para a hora mágica. Comecem o "aquecimento" 15 minutos antes da meia-noite e, depois, comecem o novo dia em grande estilo, fazendo amor assim que o ponteiro chegar ao 12.

HORA DA TEVÊ

boazinhas

Horário nobre

Alguns estudos demonstram que as pessoas passam cada vez mais horas em frente à televisão. Por que não aproveitar esse tempo agarradinho com seu amor?

Para mudar um pouco a programação normal, sintonizem um canal de tevê a cabo que exiba programas clássicos. Lembrem e contem ao outro seus programas favoritos da infância. Ou escolham canais temáticos, como documentários históricos, e assistam juntos. Discutam os programas.

Lembra a época em que ficar acordado para assistir à novela das oito era um grande feito? Bom, hoje em dia já não é nada demais. No entanto, a vida noturna televisiva continua firme e forte. Procure opções.

Fiquem juntos em casa depois do trabalho assistindo a todas as novelas. Vocês certamente se envolverão nas histórias de amor, traição e amnésia. Riam das loucuras dos convidados de alguns programas de auditório inusitados.

HORA DA TEVÊ

LeVada

Tela quente

Televisão — *sexy?* Claro que sim, assim como chinelo e bobe de cabelo!

Passe um pouco dos limites sob a luz intermitente da televisão. Enquanto assiste a seu programa favorito, estabeleça a regra de só ficar de agarramento durante o comercial. Você terá poucos minutos para aumentar a temperatura do(a) parceiro(a). Em pouco tempo, ele(a) já estará procurando comerciais em outros canais.

Diminua o volume e aumente a diversão. Assistam à televisão sem volume e criem seus diálogos. Inventem histórias sensuais por trás dos personagens e falem com sotaques exóticos. No quarto, dêem um final romântico à história.

boazinha

Poemas de amor

"Como o sol, novo e velho a cada dia, o meu amor rediz o que dizia." Traduza seu amor em palavras com a ajuda de especialistas.

Sentados em cadeiras confortáveis, em um ambiente silencioso, passem um tempo lendo poesias de amor um para o outro.

Agora, cada um tente escrever poemas de amor usando imagens do(a) parceiro(a) e memórias do tempo que passaram juntos. Escrevam em papéis especiais comprados em alguma loja de arte e coloquem em molduras. Ou, então, escrevam em papéis bem pequenos, que possam ser levados na carteira.

Vocês também podem usar um trabalho de literatura como tema da noite. Vistam-se como seu casal de um livro ou filme favorito e um de vocês sirva uma refeição como aquela degustada pelo personagem. As cenas de jantar do filme *Uma Linda Mulher* ou a versão de 1968 de *Tom Jones* são cenas clássicas de sedução.

Levada

Livro comercial

Mesmo que vocês não sejam muito fãs de literatura, certamente não achariam desagradável a leitura de um livro erótico.

Escolham um volume contemporâneo — por exemplo, algum livro de Anaïs Nin, um clássico como *Madame Bovary*, de Gustave Flaubert, ou um clássico dos clássicos, como o *Kama Sutra*, para encontrar algumas dicas úteis. Vocês ficarão surpresos com o que lerão.

Leiam atentamente manuais sobre sexo, como *Os prazeres do sexo*, de Alex Comfort, ou um dos livros de William H. Masters e Virginia Johnson, como *Relações sexuais humanas*.

Vídeos sexuais educativos podem ajudá-los a entrar no clima, além de oferecerem ótimas idéias de situações novas que vocês podem experimentar no quarto, no *closet*, na mesa de café ou onde quer que a imaginação os leve. Vocês podem levar a "instrução" a sério ou na brincadeira. Quando o assunto é quarto, quem disse que aprender não pode ser divertido?

boazinhas

Fuga interestadual

Nada traz maior sensação de liberdade do que estar na estrada com o vento soprando no cabelo. Agarre seu(sua) companheiro(a) e pegue a estrada!

Escolham um dia ensolarado para pegar emprestado ou alugar um carro conversível clássico ou um modelo 4 x 4. Coloquem seus melhores óculos escuros e passeiem pelo litoral ou pelo campo. Nem se preocupem em consultar um mapa; vocês devem ir aonde o vento os levar.

Parem em um quiosque ou em algum restaurante na beira da estrada para matar a fome. Explorem as distrações do percurso e as lojinhas de *souvenir*. Parem para ver até mesmo as atrações turísticas mais banais. Comprem umas lembrancinhas típicas bem bobas.

Desafiem um ao outro em jogos no carro. Vejam quantas placas de carro de estados diferentes vocês conseguem encontrar ou brinquem de adivinhação. Quando a tarde cair, parem o carro no acostamento e façam um pedido a uma estrela.

Levada

Viagem do prazer

Muita gente tem uma longa história de amor com automóveis. É possível que já esteja na hora de você levar seu amor para a estrada!

Partam sem um destino em mente ou joguem uma moeda para decidir qual direção tomar. Peguem estradas conhecidas caso desejem um pouco de aventura sem muitos sustos.

🔱

Pare para almoçar em um restaurante típico de beira de estrada e flerte com o(a) parceiro(a) na mesa. Faça um pedido especial ao responsável pelo estabelecimento para sintonizarem uma estação de rádio com músicas sugestivas. Antes de ir embora, se houver, compre algumas camisinhas.

🔱

No início da tarde, comecem a procurar motéis baratos para passar a noite. Escolham um com letreiros de néon bem chamativos e camas vibratórias. Peguem algumas moedinhas e preparem-se para uma noite mágica!

boazinhas

Sol da minha vida

Joguem fora as roupas de inverno e preparem-se para o verão! Os raios de sol cobrirão cada centímetro de seus corpos como um suave cobertor de sensualidade.

Passem um dia de tranqüilidade na piscina, praia, lagoa, rio ou cachoeira, pegando sol. Protetor solar e belos chapéus são indispensáveis para se divertirem bem protegidos. Há muito o que fazer: nadar, velejar, surfar, procurar conchinhas e pescar.

Ou visitem um *resort* que ofereça mergulho, *jet-skis*, saltos de pára-quedas ou asa-delta. Vocês também podem experimentar parapente: saltem com um instrutor ou façam algumas aulas e saltem sozinhos.

Qual é o melhor local da cidade para assistir ao nascer do sol? E ao pôr-do-sol? Pode ser em algum lugar que tenha uma vista panorâmica ou em uma praia. Façam planos para assistir a essas maravilhas naturais. Não se esqueçam de levar cadeiras, toalhas e seus lanches noturnos ou matinais favoritos.

Levada

Belezas bronzeadas

Quanto menos roupa usarem, mais divertido será o dia no sol. Vistam roupas de banho novas e façam um desfile no momento certo.

Para se protegerem adequadamente, não se esqueçam de passar protetor solar em todo o corpo — um no outro. Façam isso com carinho, suavidade e ao longo do dia todo. Mais tarde, para tirá-lo, tomem um banho juntos.

Fingir que um dos dois é um(a) camareiro(a) é um modo divertido de aproveitar um dia na praia ou na piscina, mesmo se não estiverem hospedados em um hotel. Faça o(a) companheiro(a) entrar em um *closet* ou banheiro, bater à porta e anunciar que as toalhas solicitadas estão ali. Diga que não pediu nada. Depois, enquanto você estiver sem roupa debaixo das cobertas, peça que ele(a) entre e explique que não pediu serviço algum. Os(as) camareiros(as) podem ser muito solícitos(as) quando o assunto é agradar hóspedes.

Ou no início das férias, passem autobronzeador um no corpo do outro. Para serem convincentes, vocês não podem deixar qualquer marquinha branca!

MOMENTO GASTRONÔMICO

boazinha

Isso, sim, é comida

Ajudar a mãe na cozinha sempre é uma experiência mágica para as crianças. É divertido assistir a todos os ingredientes sendo misturados na batedeira, especialmente quando você pode lamber a tigela depois!

Passem um dia juntos na cozinha, experimentando uma nova receita. Pode ser alguma encontrada em uma revista de culinária ou, então, uma antiga receita de família que você adora, mas que nunca tentou fazer. Lembre que o caminho mais curto para conquistar um coração é pelo estômago!

Vá ao supermercado com o companheiro e compre os ingredientes necessários. Deixe-os todos à mão. Coloque uma música na cozinha para ajudar a criar o clima.

Se vocês forem do tipo que sempre deixam a torrada queimar, há boas opções: visitem um concurso de culinária e experimentem todas as receitas secretas; jantem na mesa do *chef* em um restaurante local e descubram como preparar uma deliciosa refeição.

MOMENTO GASTRONÔMICO

Levada

Receita de amor

Diz-se: "O beijo não dura, mas a culinária sim."
Depois de passar algum tempo juntos na cozinha, vocês
vão implorar para discordar do ditado.

Tirem uma tarde para criar uma refeição composta apenas de ingredientes afrodisíacos. Ao longo dos anos, sempre se acreditou que alimentos como ostra, azeitona e chocolate são capazes de aumentar o apetite sexual. Está na hora de comprovar essa teoria.

Apimentem ainda mais o preparo da refeição vestindo apenas avental e luva de cozinha. Ver seu(sua) parceiro(a) nu(a) pode ser todo o ingrediente afrodisíaco de que você precisa.
Acendam velas para criar um clima romântico no jantar.
Façam amor na mesa de jantar.

Outra proposta é criar um bufê com comidas variadas que vocês possam comer sobre o corpo do(a) parceiro(a). Molhos mornos, chocolate derretido, gelatina e chantili são boas opções. *Bon appétit!*

boazinhas

Manjar dos deuses

Desde os astecas, as culturas conhecem o poder misterioso do chocolate. Originalmente desenvolvido como bebida, essa mistura doce e rica — e considerada afrodisíaca — vem em várias formas hoje em dia.

Visitem várias lojas de chocolate e experimentem as amostras. Em uma *bomboniére*, comprem várias marcas de chocolate diferentes. Quando voltarem para casa, comparem-nas e vejam de quais gostam mais. As mais caras são as melhores? Qual é o seu tipo favorito: sólido, recheado com chocolate, com avelã ou caramelo? *Light* ou amargo? Anotem os favoritos do(a) parceiro(a) para futuras ocasiões especiais.

Faça uma sobremesa de chocolate que expresse seus sentimentos pelo(a) companheiro(a). Crie um monumento a seu amor fazendo uma escultura com a sobremesa favorita dele(a). Use bolinhos de chocolate, *fondue*, chocolate quente, calda quente ou *brownies*. Ou beijem-se a cada chocolate Kisses que comerem. (Se não tiverem coragem de abusar assim de chocolate, tentem uma torta de maracujá, a fruta da paixão.)

LeVada

Um beijo de chocolate

As propriedades do chocolate que despertam ainda mais a paixão são lendárias. Por que será que sua suave textura e seu rico sabor sempre nos deixam com um gostinho de quero-mais?

Não é necessário sair de casa: traga a carrocinha de sorvete até você. Comprem todos os complementos necessários para criar um *supersundae*, levem tudo para o quarto e deixem o resto por conta da imaginação. Chantili, calda de chocolate, confeitos de doce e castanhas de caju são ótimas pedidas, com vocês servindo como taças de sobremesa.

Ou façam uma festa de *fondue* na cama. Peguem uma tigela de calda de chocolate, morangos, kiwis, uvas e rodelas de banana. Molhem e dêem na boca um do outro.
Não tenham medo de experimentar.

Fiquem por dentro dos novos sabores e recheios no chocolate. Essas delícias anatomicamente corretas podem ser o aquecimento perfeito antes de fazer amor.

boazinhas

Viva a música

A música pode criar um clima perfeito para o romance e ajudar a criar lembranças que vocês guardarão por muitos e muitos anos. Talvez a melhor escolha seja o *jazz*.

Planejem uma noite juntos ouvindo *jazz* ao vivo. Convide o(a) parceiro(a) para jantar e depois leve-o(a) até um desses clubes onde vocês poderão beber martíni ouvindo música suave.

Aproveitem os festivais de *jazz*. Preparem uma cesta de piquenique com queijos e frutas frescas. Levem também uma garrafa do vinho favorito e duas taças. Acomodem-se e relaxem ouvindo música sob as estrelas.

Um dos dois já sonhou em escrever sua própria música? Faça algumas aulas de música com seu(sua) companheiro(a). Procure um professor de música famoso em sua área que dê aulas de piano, saxofone ou trompete. Em pouco tempo vocês já estarão compondo juntos!

#

No clima

Já ouviu alguma música que lembrasse algum momento erótico de vocês dois? Talvez esteja na hora de animar sua vida amorosa!

Visitem alguma loja de discos antigos. Procurem discos clássicos de Louis Armstrong, Ella Fitzgerald ou Billie Holiday. A má qualidade do vinil só ajuda a criar o clima.

Passem uma noite com luz baixa ouvindo novas descobertas musicais. Fechem os olhos e deixem a música entrar em vocês. Toquem-se como se fossem instrumentos musicais, capazes de produzir a música mais bela que já ouviram.

Se estiverem planejando férias juntos, visitem uma região durante um festival de *jazz*. A combinação de pousada e *jazz* de excelente qualidade é garantia de fazer seus corpos e suas almas cantarem.

boazinha

O sistema de negociação

Dou-lhe uma, dou-lhe duas, vendido! O frenesi dos leiloeiros falando rápido e as ofertas que não param de crescer tornam os leilões um lugar bem excitante, independentemente de você estar fazendo lances ou não.

Viajem pelo campo em busca de um leilão de móveis ou venda de terras. É uma excelente maneira de ver antiguidades e, quem sabe, aumentar sua coleção. Vocês também podem participar de um leilão de animais em uma feira.

Se quiserem passar uma noite na cidade, participem de um jantar beneficente que inclua um leilão silencioso, no qual as pessoas que desejam fazer lances escrevem o nome e o valor em uma lista.

As feiras de artesanato são ótimos lugares para pechinchar bugigangas para casa e até mesmo itens caros. Depois que vocês já tiverem aprimorado esse talento, pratiquem durante uma viagem ao Caribe, a outros países da América do Sul ou ao Oriente Médio, onde pechinchar preços é comum.

Depois, organizem um leilão entre os vizinhos em seu jardim. Vocês podem negociar produtos ou serviços para a casa.

Levada

Dinheiro pode comprar amor

Não se pode colocar preço no amor, mas você poderia dar um valor estimado, só como diversão, não?

Existem instituições que organizam leilões e promovem encontros entre solteiros e solteiras. Faça um em casa! Peça que seu(sua) companheiro(a) vista uma roupa arrumada, bem formal, e desfile para você. Descreva suas qualidades, como se fosse um(a) animador(a) no palco. Quanto você estaria disposta(o) a oferecer?

Ou façam um leilão silencioso, usando como itens as atividades de que vocês gostam, especialmente enquanto fazem amor. Peguem três folhas de papel para cada um e escrevam a que gostariam de fazer com o outro. Coloquem como valor 25 reais.

Agora, coloquem as listas sobre a mesa. Cada um de vocês terá 75 reais para gastar. Andem em volta da mesa anotando seus lances, aumentando de cinco em cinco reais. Quanto estariam dispostos a investir para ter aquele "item"? Quando estiverem sem dinheiro, vejam quais atividades são as vencedoras e paguem e recebam os prêmios!

Cantina criativa

Existem várias maneiras de aproveitar a cultura mexicana. Reservem um tempo para dar uma sacudida na vida com uma pitada do sabor mexicano!

Organizem uma festa mexicana para a família e os amigos. Preparem *tacos, burritos* e outras comidas típicas. Brinquem com as receitas, de modo que agrade a todos, desde os que gostam de um sabor mais suave até aqueles que gostam da comida bem picante.

Divirtam-se jantando em um autêntico restaurante mexicano. Dividam uma margarita ou uma taça de sangria caseira. Dêem gorjeta aos músicos e talvez eles façam uma serenata para vocês bem próximo à sua mesa.

Planejem uma viagem ao México. Existem muitas formas de conhecer esse lindo país. Há *resorts* que incluem atividades diversificadas e refeições a preços bem razoáveis. Cruzeiros para o Caribe costumam incluir uma parada no México.

Levada

Uma pitada de pimenta

Por acaso sua vida amorosa anda meio sem sal? Teste todo o tempero com um toque mexicano!

Crie seu próprio festival mexicano em casa. Surpreenda o(a) parceiro(a) com *margaritas* à meia-noite. Faça *frozen margaritas* e sirva-as diretamente do liquidificador. Toque alguma música latina e segure o outro bem pertinho de seu corpo enquanto dançam na cozinha.

Dance alguma música mexicana quente para ele(a). Apimente sua rotina, retirando lentamente uma peça de roupa de cada vez, até não sobrar nenhuma, apenas um sombreiro.

Sentem em um cobertor mexicano aberto no chão. Use o corpo para dividir algumas doses. Primeiro, coloque sal no pescoço e uma rodela de limão na boca do parceiro. Beba uma dose de tequila, lamba rapidamente o sal e compartilhe o limão. A combinação de tequila, sal, limão e os lábios do parceiro certamente aquecerá o clima "ao sul da fronteira"!

boazinha

Chuva no telhado

Uma chuva fina nos deixa pensativos; um temporal nos faz desejar ficar debaixo da coberta, protegidos nos braços do(a) companheiro(a).

Da próxima vez que chover, fiquem juntos na cama e passem o dia lendo, trocando carícias e ouvindo suas músicas lentas favoritas. Preparem um lanche gostoso e levem para a cama. Esse é um dos momentos em que é permitido comer biscoito na cama.
À medida que a chuva diminuir, levantem-se e fiquem escutando o som suave dos pingos batendo nas folhas. Quem sabe vocês descobrem um arco-íris?

Apaguem todas as luzes e deixem velas iluminarem o quarto. Abram as cortinas ou persianas e assistam à chuva cair. Aproveitem esse momento de tranquilidade para refletir e dividir lembranças do primeiro encontro. Contem um para o outro como se sentiram e como esses sentimentos aumentaram ao longo do tempo.

Se forem mesmo corajosos, assistam a algum filme sobre tempestades, como *Twister*, *O Mágico de Oz* .

Levada

Trovões no paraíso

A intensidade da chuva caindo e os trovões tornam os amantes mais amorosos.

Enfrente a chuva e saia para dar um passeio com seu(sua) companheiro(a). Pulem em poças d'água, parem embaixo de uma árvore e beijem-se. Busquem um local reservado e façam amor com a chuva caindo em seus corpos. Continuem essa paixão molhada tomando banho juntos ou usem o carro como ninho de amor. Em uma área remota da cidade, façam amor enquanto a chuva cai. Ou expressem sua paixão com o carro ainda na garagem.

Se vocês estiverem na praia, façam amor enquanto a onda bate em vocês, algo parecido com aquela famosa cena em *A um Passo da Eternidade*. Ou aproveitem para fazer amor em alguma praia à noite, sentindo o calor da fogueira.

Se estiverem em busca de uma aventura maior, viajem até algum lugar tropical e façam amor em uma cachoeira ou na piscina de um cantinho privado de alguma ilha paradisíaca.

boazinha

Dia de faxina

A simples menção a trabalho doméstico pode dar arrepios até mesmo na pessoa mais organizada do mundo. Por que não aliviar um pouco a dor de cabeça das tarefas semanais e se divertir ao mesmo tempo?

Sentem-se e façam uma lista das tarefas domésticas que vocês podem fazer juntos. No fim de semana, acordem cedo e comecem a dar baixa na lista juntos. A cada tarefa concluída, dêem a si mesmos uma pequena recompensa, como um copão de mate gelado.

É possível aumentar o desafio da lista de tarefas estabelecendo um tempo limite para cada item. Como uma equipe, tentem vencer o relógio. Não só vocês vão se divertir juntos, como arrumarão a casa muito mais rapidamente.

Trabalhem juntos em um pequeno projeto. Visitem uma loja de ferramentas e materiais de construção e comprem o necessário. Quando o projeto estiver concluído, sintam juntos o prazer de um trabalho bem-feito.

MANTENHA A LIMPEZA

Limpeza total

Alguém imaginaria que fazer faxina na casa pudesse ser uma aventura erótica? Provavelmente não. Entretanto, com um pouco de criatividade, o trabalho doméstico pode ser muito mais divertido.

Da próxima vez em que tiverem de lavar roupa, não deixem de colocar todas as roupas do corpo na máquina. Façam um *striptease*, um para o outro, diante da máquina de lavar. Fazer amor em cima dela durante a centrifugação pode transformar o dia de lavar roupa no grande momento da semana.

Passar espanador e aspirador de pó pode ser bem mais interessante se vocês estiverem sem roupa. Para aumentar um pouco a excitação, passe o espanador de pó na pele nua do companheiro.

Limpem o banheiro a dois. Entrem no chuveiro juntos. Não deixem de limpar tudo, inclusive um ao outro. Ei, não se esqueçam de todas os cantinhos!

boazinha
Encontro fortuito

Lembra a excitação do amor que sentia quando conheceu seu companheiro? Reviva esse sentimento armando um encontro fortuito.

Marque um encontro em um bar de hotel a peça a ele(a) para não se sentar com você assim que chegar. Cruzem olhares, mas não os sustentem, como se estivessem interessados e fossem tímidos. Quanto tempo ele(a) esperará até vir se apresentar? Conversem como se fossem estranhos. O que perguntaria a alguém que acabou de conhecer? Deixe a conversa seguir durante o jantar.

No final da noite, qual dos dois dirá primeiro que gostaria de encontrar o outro novamente? Beijem-se apaixonadamente ao se despedirem e troquem os números de telefone escritos em um guardanapo.

Você aprendeu algo novo enquanto conversavam como estranhos? Pode parecer que sabemos quase tudo sobre o outro até adotarmos uma nova perspectiva.

Levada

Você vem sempre por aqui?

Realizem fantasias sexuais relacionadas a transas de uma só noite sem abrir mão da privacidade do relacionamento.

Enviem convites "anônimos" ao(à) parceiro(a) pelo celular, fax, *pager*, *e-mail* ou carta, para um encontro em um bar de hotel. Na mensagem, diga que anda de olho nele(a) e descreva o que acha *sexy* nele(a).

Marquem um encontro no bar; vistam algo bem sensual, a *lingerie* mais *sexy* possível (ou nada por baixo!). Tenham uma conversa sexualmente sugestiva, como se fossem estranhos interessados em se divertir durante a noite.

Para aumentar a expectativa, peçam aperitivos ou jantem juntos, no restaurante do hotel, por exemplo. Mantenham o nível insinuante da conversa. Deixe-o(a) convencê-la(o) a pedir um quarto e façam amor como se fosse a primeira vez.

boazinha

Educação superior

Você guarda boas lembranças da época do colégio?
Vista seu uniforme e leve seu(sua) companheiro(a) a uma
viagem no túnel do tempo.

Peguem as fotos de turma do colégio e divirtam-se juntos, contando
histórias engraçadas dos antigos colegas.

Organizem uma excursão para visitar o colégio ou o *campus*
universitário. Passeiem pelos prédios, almocem na lanchonete
favorita ou comprem algum *souvenir* se houver uma lojinha.

Se for impossível visitar a *alma mater*, participem de algum evento
esportivo. Torçam pelo time da casa e depois saiam para beber
refrigerante e comer *pizza*.

Se estiverem loucos para voltar para a sala de aula, descubram uma
matéria que interesse a ambos e assistam a uma aula juntos.
Lembrem as horas de estudo depois da aula!

TEMPO DA ESCOLA

LeVada

Educação sexual

Por acaso um de vocês demorou para desabrochar? Já levou chá-de-cadeira nas festinhas da escola? Bom, vamos recuperar o tempo perdido!

Reveja os antigos amigos nos reencontros de turma. Você e seu(sua) companheiro(a) têm de estar superarrumados. Preparem-se para deixar todos boquiabertos. Passem a noite relembrando histórias antigas com os colegas. Causem sensação dançando músicas lentas de maneira provocante. Agarre-se com seu(sua) parceiro(a) pelos cantos escuros.

Ou organizem uma festa da escola em sua casa. Enfeitem a sala com bolas e serpentina. Toquem as músicas antigas favoritas para dançar. No final da noite, não deixe o(a) companheiro(a) ansioso(a) para saber se receberá um gostoso beijo de boa-noite.

Vá de carro até seu "cantinho de amor" favorito. Pare o carro, como fazia na época da escola. Namorem no banco traseiro como se fossem adolescentes. A melhor parte é que vocês não precisam se preocupar em perder a hora!

boazinhas

O sabor das ilhas

Água limpinha e transparente, praias de areia branquinha e vulcões pretos espetaculares no horizonte criam o clima de sedução do Havaí.

Façam seu próprio luau havaiano sem sair de casa! Vistam camisas, *shorts* e sandálias havaianas e chapéus de palha. Escolham alguns colares de flores em alguma loja de fantasias.

Para a festinha particular, preparem presunto cozido ou porco assado coberto com abacaxi, manga e papaia. Preparem drinques com água de coco e enfeitem com guarda-chuvas de papel.

Toquem música havaiana ou, então, coloquem o filme de Elvis *Feitiço Havaiano,* como cenário.

Para se divertirem enquanto exercitam um pouco os músculos, comprem um côco de verdade e retirem a água. Façam um furo em cada um dos três "olhos" ou pontos pretos. Para preparar coco ralado, aqueçam tudo durante 15 minutos com o forno a 350 graus. Depois, com um martelo, abram o coco, removam a polpa e a pele marrom e torrem em pedaços durante sete a dez minutos.

Levada

Paraíso tropical

Dizem que o segredo da *hula-hula* é a mão, apesar de os quadris aparentemente exercerem um papel fundamental. Para criar uma noite romântica, transforme o quarto em um paraíso tropical.

Em uma loja de fantasias, comprem colares de flores para usar no pescoço, dando uma ou duas voltas. Lojas de produtos importados costumam vender bijuterias feitas com conchas que podem ajudar a criar um som sedutor nos tornozelos e pulsos.

Comprem muitos metros de tecidos com motivos tropicais e divirtam-se imaginando quantos modelos de roupa diferentes conseguem fazer apenas enrolando o tecido em volta dos corpos nus.

Ou simplesmente usem roupa de banho. Depois, misturem os drinques tropicais favoritos e disponham em copos que imitem coco. Espalhem velas grandes pelo quarto para imitar tochas *tiki*. Borrifem colônia de gardênia ou hibisco. Abram uma esteira de palha ou bambu no chão, toquem música havaiana e passem loção de coco no corpo um do outro.

boazinha

Cassino Royale

Os cassinos têm uma atmosfera bem própria, que é uma das mais sedutoras de que se tem notícia. O som das roletas, as luzes de néon que piscam sem parar e o barulhinho das cartas criam a mística. Tente uma dessas idéias para garantir a sua vitória!

Há agências que costumam oferecer cruzeiros curtos para jogar, alguns desses "territórios" têm até cassinos. Se não for possível viajar até um desses lugares, descubram algum grupo que organize algo como a "Noite do Cassino".

Como opção, planejem uma noite jogando baralho em casa. Convidem amigos e familiares para uma noite de pôquer ou canastra. Peguem emprestado várias mesas de carta e sirvam drinques e aperitivos como batata frita e salgadinhos.

Organizem um grupo de viagem para algum lugar como Las Vegas. Descubram pacotes econômicos que incluam viagem e acomodação. Esses destinos também oferecem outras atividades além de jogo.

Sorte no amor

Jogue o dado, role a roleta e tente a sorte no amor!

Criem uma noite de diversão em um cassino de mentirinha, no qual a sorte vem sempre em primeiro lugar. Procurem vários jogos de azar que possam ser praticados por duas pessoas. Aumentem o calor do carteado, oferecendo como pagamento favores íntimos. Uma partida excitante de *strip poker* é garantia de muitas vitórias.

Visitem uma loja de adultos e escolham juntos um jogo criado especialmente para casais. Um par de dados românticos ou bilhetes de loteria do amor certamente despertarão o jogador que existe em vocês.

Entrem em um cassino *on-line* e joguem em máquinas caça-níqueis interativas. Não joguem por dinheiro; beijos e ofertas sexuais tornarão o jogo muito mais divertido.

Comprem um conjunto de bilhetes de loteria e enrosquem-se juntos na cama. Negociem um encontro romântico como prêmio. Quem disse que dinheiro não compra amor?

boazinha

Longo e quente verão

O clima quente do norte/nordeste é propício a um estilo de vida mais relaxante. Adote essa atitude durante uma noite ou um dia com o(a) companheiro(a).

No próximo dia quente, vistam uma roupa branca de algodão bem fresca e deitem-se em espreguiçadeiras ao ar livre, abanando um ao outro com uma revista ou jornal. Bebam suco, chá gelado ou limonada fresca.

Para matar a fome, devorem uma torta de frutas típicas do norte/nordeste com sorvete derretido em cima. Ou, então, dêem preferência à deliciosa combinação de tapioca e guaraná.

Depois, entrem em casa e assistam a algum filme de sua preferência rodado no norte ou no nordeste. Leiam juntos trechos de algum romance de Jorge Amado.

Mais tarde, dêem um passeio relaxante, fazendo um piquenique em uma *pick-up* alugada e dirigindo por estradas ermas até encontrar a sombra perfeita embaixo de uma árvore.
Ou façam um piquenique na cama do caminhão.

Levada

Noites do norte/nordeste

Para aproveitar melhor as noites quentes no norte ou no nordeste e a umidade do ar, usem sua roupa mais fresca e não deixem de ingerir bebidas geladas.

Apaguem as luzes, acendam as velas e coloquem na cama um cortinado de gaze ou algum outro tecido de algodão rústico, criando seu próprio ninho de amor ao estilo do norte/nordeste; o cortinado os protegerá dos mosquitos. Encham uma bacia de água e nela amassem folhas de eucalipto ou cânfora e refresquem um ao outro com esponjas de água fresquinha, na cama mesmo.

Acrescentem um pouco de diversão à noite, jogando pôquer ou outro jogo de cartas. Coloquem ao fundo um pouco de música regional.

Para sentir um pouco do sabor rústico, aluguem uma cabana em uma área de pesca para passar o fim de semana. Façam um passeio pelo rio ou lagoa em um barco e depois parem na margem sob a luz do luar. Procurem um ponto isolado e voltem à natureza tomando um banho sem roupa. Os peixes mordem a isca antes do amanhecer; portanto, acordem bem cedo, antes das galinhas, e façam amor ao amanhecer. Depois, saia para pegar o café-da-manhã de seu(sua) parceiro(a).

boazinhas

O céu é o limite

Viagens aéreas sempre foram muito fascinantes para aqueles aventureiros de plantão. Charles Lindbergh e Amelia Earhart voaram pela história como personagens de romance e mistério.

Planeje uma viagem emocionante pelas nuvens. Marquem um passeio de balão bem cedinho de manhã para vocês. Maravilhem-se com a paisagem enquanto voam tranqüilamente pelo ar. Perguntem sobre a possibilidade de incluir um delicioso almoço como parte do pacote.

Fretem um avião ou helicóptero para dar um passeio. Conheçam sua área pelo ar. Se preferirem ficar com os pés bem firmes no chão, visitem um aeroporto local pequeno ou um museu de aviação. *Shows* aéreos são outra excelente maneira de compartilhar o amor pelo ar.

Se preferirem uma mudança de ritmo um pouco mais ousada, façam aulas de vôo ou pulem de pára-quedas para desafiar o valentão que existe dentro do parceiro. Filmem a aventura para assistir depois, com amigos e familiares.

Levada

Além do azul selvagem

Vocês ficam excitados só de pensar em concretizar seu amor fora do chão? Arrisquem-se a realizar sua fantasia aérea e mantenham o amor no ar!

Encontrem-se na volta para casa e preparem uma surpresa sensual. Se o aeroporto incluir um hotel, peçam um quarto e façam amor ouvindo o som dos aviões decolando. (Esbanjem dinheiro e reservem a suíte da cobertura.)

Há lugares que têm estradas próximas do aeroporto, em que curiosos param o carro para assistir à decolagem e à aterrissagem das aeronaves. Parem no meio da poeira e namorem como dois adolescentes, sob o ronco dos motores.

Visitem uma loja de produtos usados e comprem um pára-quedas. Coloquem-no em cima da cama e façam amor aproveitando toda a suavidade do tecido.

Assistam ao lançamento de uma espaçonave no conforto de sua cama. Cronometrem o tempo do amor, para que vocês "decolem" junto com a nave.

boazinha

Par perfeito

Existem forças cósmicas que trabalharam para que vocês dois ficassem juntos? Se for esse o caso, o que mais elas dizem?

Leiam o horóscopo ou numerologia em um jornal, revista ou *site* na Internet. Pesquisem mais sobre o significado de cada signo, como se complementam e quais são os pontos conflitantes.

Dêem um passo rumo ao desconhecido e procurem um paranormal, cartomante, jogador de búzios ou numerologista para lhes contar o futuro ou liguem para um daqueles videntes que se apresentam na televisão. Façam sua leitura de tarô comprando um baralho e um livro de significados. Vocês também podem comprar um conjunto de adesivos chineses da sorte.

Para irem realmente fundo, façam uma sessão de regressão, daquelas em que algumas pessoas acreditam descobrir quem eram na vida passada. Agora, juntem todas essas informações. Como tudo isso pode tornar vocês ainda mais compatíveis?

Levada

Você vai conhecer um estranho alto e moreno

Existem pessoas que têm o misterioso dom de ler a sorte e prever o destino de amantes. Acione seus poderes mediúnicos para funcionar a seu favor.

A vidente deve estar vestindo o melhor dos trajes: blusa branca de algodão, saia ou bermuda preta longa, lenço de cabeça, argolas de ouro enormes e braceletes barulhentos.

Prepare uma mesa redonda no meio de uma sala e coloque um pano em cima. Acenda uma vela na sala escura para deixar o ambiente misterioso. Improvise uma bola de cristal, colocando uma lâmpada dentro de um globo de vidro translúcido, virado de cabeça para baixo e coberto por um tecido no centro da mesa.

Enquanto lê a sorte nas cartas de tarô, na bola de cristal ou nos adesivos chineses, converse de forma sexualmente sugestiva.
A cigana deve prever que o destino reserva um encontro romântico naquela noite.

boazinhas

Escrito nas estrelas

Que segredos as estrelas guardam para vocês? Separem um tempo para investigar as possibilidades juntos.

Visitem a planetário da cidade. Muitos deles oferecem programas diários que explicam as maravilhas do céu à noite.

Entrem para um grupo de observadores das estrelas ou alguma excursão para observar as jóias brilhantes que existem a milhões de anos-luz da Terra. Comprem um telescópio e dividam essas maravilhas ali mesmo no jardim.

Planejem um encontro com um astrólogo e saibam o que as estrelas guardam para vocês? Vão até uma livraria e pesquisem os signos do zodíaco. Eles realmente refletem suas paixões e desejos?

A melhor idéia seria passar a noite juntinho de quem a gente ama, descobrindo as estrelas que existem dentro dos olhos do(a) companheiro(a)!

#

Em órbita

Separe um tempo para enviar sua vida amorosa para a estratosfera!

Escolham uma noite límpida e fujam das luzes da cidade com seu(sua) companheiro(a). Dirijam até o campo e passem uma noite observando as estrelas. Preparem um lanche, levem uma garrafa de vinho e um cobertor bem confortável. Façam amor sob as luzes das estrelas.

Criem seu próprio sistema solar em casa. Comprem aqueles adesivos em forma de estrela que brilham no escuro e pendurem no teto do quarto. Outra idéia é criar sua própria máquina das estrelas com uma lata grande e uma lâmpada pequena. Façam cuidadosamente pequenos furos na lata e coloquem-na em cima da lâmpada. Passem a noite juntos explorando novos mundos.

Pense em dar o nome do(a) companheiro(a) a uma estrela. Durante um jantar especial, dê de presente a ele(a) um certificado com o registro da estrela. É bem provável que você ganhe em troca uma viagem ao paraíso!

ped## boazinha
Não tenho medo

Contar histórias de terror em volta da fogueira é uma tradição em acampamentos. Quem não fica com o coração disparado ao ouvir a história do cavaleiro sem cabeça do filme *A Lenda do Cavaleiro sem Cabeça* ou os terríveis episódios de qualquer outro filme de terror?

Teste suas lembranças de infância acerca de histórias de terror e pesquise novas. Peça que seu(sua) parceiro(a) faça o mesmo, mas não contem ainda nada um ao outro! Agora, organizem um acampamento na sala, usando apenas a lareira ou um conjunto de velas. Enquanto contam as histórias um ao outro, segurem uma lanterna embaixo do queixo nas partes mais assustadoras.

Façam uma excursão noturna até um lugar mal-assombrado da cidade. É uma casa abandonada? A cena de um crime? Um cemitério? Pegue todas as suas ferramentas de caça-fantasmas, incluindo estacas de madeira e uma câmera, e vejam o quanto conseguem investigar antes de saírem correndo para a segurança do carro!

Levada

Manto vampiresco

Enquanto nós, mortais, estamos dormindo, o mundo
dos fantasmas e demônios noturnos ganha vida.
Prontos para entrar em seu domínio?

Vejam se são capazes de passar uma noite inteira em uma barraca
no jardim, em uma área de acampamento ou mesmo na sala de
casa. Não existe nada mais *sexy* do que ficar sem roupa com
seu(sua) companheiro(a) dentro de um saco de dormir.

Explorem outra parte da personalidade saindo para comprar roupas
que despertem um lado selvagem, como roupas góticas, de vampiros
ou escravos. Elas estão disponíveis em lojas de fantasias, em lojas de
roupas especiais ou de bugigangas e também podem ser compradas
pela Internet. Comprem roupas, mas não revelem a aquisição.
Depois, revezem-se surpreendendo um ao outro vestindo uma de
cada vez, a cada fim de semana.

Se quiserem ser realmente ousados, vistam uma roupa nova, vão a
um bar ou casa noturna que seja freqüentada por pessoas que
seguem esse estilo de vida.

boazinha
Tecendo sonhos

Com que freqüência vocês dividem os sonhos entre si? Dediquem um tempo para tornar esses sonhos realidade.

Passem o dia juntos descobrindo seus desejos mais loucos. Os sonhos vêm em várias formas e podem ser simples ou extravagantes, a gosto do freguês. Sejam criativos na hora de pensar em maneiras de tornar esses sonhos realidade. Descubram formas criativas de realizar essas fantasias compartilhadas.

Visite um especialista em interpretação dos sonhos e descubra quais são os desejos e as paixões mais secretas de seu(sua) companheiro(a). Compre um livro e passe a tarde analisando seus sonhos.

Escolha um dia para se concentrar. Não marque nenhum compromisso. Desligue o telefone. Aconchegue-se nos braços dele(a) e fuja para a terra dos sonhos.

LeVada

Explode coração

Como seria seu mundo dos sonhos? Talvez fosse com namorados flutuando em uma nuvem de algodão-doce, onde estão dividindo um abraço sensual. Crie um ambiente celestial em casa e passe uma noite romântica, como em seus sonhos.

Transforme o quarto em uma nuvem branca e macia. Cubra as paredes com lençóis brancos. Uma cama macia e lençóis de algodão ajudam a criar a atmosfera. Cubra a cama com travesseiros e almofadas de vários tamanhos.

Espalhe velas pelo quarto e toque alguma música *New Age* lenta. Vista um *chambre* de seda branco ou *robe* de cetim. Para completar o ambiente, borrife um pouco de fragrância no ar.

Quando o companheiro chegar, coloque um dedo nos lábios dele indicando que não deve falar uma só palavra. Não vai demorar até vocês dois estarem realizando seus sonhos juntos!

boazinhas
Reviva aquele dia especial

Os aniversários de namoro ou casamento costumam ser comemorados com uma troca de presentes e um jantar a dois. Por que não tornar o dia ainda mais especial afirmando seu amor de forma grandiosa?

Planejem uma cerimônia íntima, só para vocês, ou com amigos e a família, para renovar o amor. Usem os votos feitos originalmente ou procurem em uma livraria novos votos que expressem como se sentem agora. Comemorem em um local que tenha algum significado especial para vocês: onde se casaram, onde se conheceram ou em algum lugar com paisagem natural deslumbrante. Escolham as mesmas cores, bolo, música e convites usados anteriormente. Dessa forma, vocês têm a chance de reviver a primeira cerimônia ou de fazer a cerimônia de seus sonhos.

Como uma segunda lua-de-mel, viajem para um local tradicionalmente romântico, como Fernando de Noronha, cidades históricas de Minas Gerais, região serrana do Rio Grande do Sul. Ou mais longe ainda: Europa, Austrália, Tailândia ou Bali.

Levada

Contagem regressiva para o amor

Vamos falar a verdade — a festa de casamento é divertida, mas a lua-de-mel é o desfecho perfeito!

Façam uma versão diferente de seu casamento, só para vocês dois: um clube de *striptease*. Usem apenas os chapéus, jóias e sapatos de seu casamento e encontrem-se no quarto. Releiam os votos, brindem com champanhe com os braços entrelaçados e dêem bolo na boca um do outro.

Existem *resorts* famosos pelas suítes especiais para casais em lua-de-mel, com camas redondas ou em forma de coração, ou até mesmo banheiras que são, na verdade, grandes taças de champanhe. Para se divertirem gastando pouco, aluguem um quarto em um motel barato, famoso por sua diária acessível e teto espelhado.

Ou criem suas próprias atividades sensuais com base em uma lista de presentes de aniversário de namoro ou casamento: couro é o presente tradicional para o terceiro aniversário e o presente moderno para o nono; renda é o presente indicado para o oitavo; eletrodoméstico é o presente sugerido para o quarto.

boazinha

Fotografe

Alguém já lhe disse que você deveria estar nas páginas de uma revista? Bom, agora é o momento ideal para começar.

Muitos casais usam as fotografias para marcar comemorações importantes como noivado ou casamento. Comecem a tirar a fotos para celebrar cada dia do relacionamento.

Organizem uma sessão de fotos em um estúdio ou uma loja de departamento. Tornem as fotos especiais, usando suas roupas favoritas.

Comprem câmeras descartáveis, dirijam-se a um parque ou uma cidade próxima e realizem uma sessão de fotos. Tirem fotos ingênuas à sombra de uma árvore ou ao lado de uma fonte ou chafariz. Peçam a alguém para tirar algumas fotos de vocês dois.

Filmes em preto-e-branco podem dar um ar de romance às fotos. Comprem álbuns especiais para abrigar as novas memórias.

Levada

Cliques sensuais

A simples imagem de seu(sua) parceiro(a) em trajes menores já faz seu sangue ferver? Uma sessão de fotos sensuais pode ser exatamente uma boa dica.

Vários estúdios oferecem serviços fotográficos, mas tirar fotos em casa é certamente mais divertido. Coloquem uma cortina onde um de vocês deverá posar. Criem uma atmosfera agradável com música romântica para ajudar o outro.

Escolha várias roupas. Dê instruções a ele(a) enquanto estiver com a câmera na mão. Tente deixar o(a) parceiro(a) à vontade e convença-o(a) a tirar algumas peças. Depois de tirar as fotos desejadas, troque de lugar. Afinal, os direitos são iguais!

Se a câmera tiver *timer*, vocês podem tirar fotos juntos. Como dizem no mundo da moda: façam amor com a câmera!

boazinha

De volta aos velhos tempos

**Você consegue imaginar a vida sem eletricidade?
E um dia apenas?**

Divirtam-se fingindo que estão sem luz durante um dia ou uma noite. O que podem fazer para se divertir? Para começar, escondam todos os relógios, tirem do armário aquele radinho à pilha ou abram a janela para ouvir os sons da vizinhança.

Para se comunicarem à moda antiga, peguem duas latas de sopa vazias e um barbante e tentem conversar passando o barbante de um cômodo para outro.

Se estiver frio, fiquem agarradinhos debaixo da coberta para se esquentar. Se estiver quente, usem um leque e refresquem-se com água gelada.

Brinquem juntos com jogos que não precisam de eletricidade, como jogos de tabuleiro, baralho ou charadas. Quando escurecer, acendam algumas velas e façam um *show* de marionetes com sombras, construam um forte usando um cobertor e uma mesa e comam *fondue* de chocolate.

Levada

Tateando em busca do caminho

*Fazer amor no escuro acrescenta uma sensação
de mistério ao encontro.*

Apaguem todas as luzes, fechem as cortinas e deixem o quarto o mais escuro possível. Depois, encontrem-se na cama e coloquem uma venda. Usando apenas tato, olfato e paladar, encontrem-se no caminho. Enlouqueça o(a) companheiro(a) fazendo amor apaixonadamente sem qualquer contato visual.

Ou, então, vá para a cama com vendas nos olhos e peça que ele(a) entre no quarto como se fosse um(a) estranho(a) misterioso(a) que gostaria de conhecer. Brinquem de "Vinte perguntas", tentando descobrir quem é essa pessoa estranha. Pode ser uma celebridade, um personagem histórico ou um personagem de filme ou novela.
Depois de descobrir, dê as boas-vindas à pessoa na cama, fazendo amor. O(A) parceiro(a) deve deixar uma rosa no travesseiro quando se levantar de manhã.

Se vocês preferirem uma atividade mais rápida, devem brincar de esconde-esconde pela casa, completamente nus.

boazinhas
Sons do silêncio

Um olhar que diz tudo, um sorriso de boas-vindas, um longo abraço. Qualquer um desses atos pode valer mais do que mil palavras. Por que não passar algum tempo com o(a) parceiro(a) sem pronunciar uma só palavra?

Escolham uma atividade silenciosa para passar uma tarde de lazer. Enrosquem-se em um poltronão junto com alguns bons livros. Dividam olhares furtivos sobre as páginas da obra literária favorita.

Comprem papel de carta e descubram as maravilhas de escrever cartas juntos. Escrevam bilhetes para amigos antigos, parando, de vez em quando, para dar uma piscadinha sem-vergonha para o companheiro.

Façam planos para um dia inteiro de silêncio. Desliguem o telefone e não abram a porta. Passem a tarde toda assistindo a filmes mudos. Se tiverem de sair, comuniquem-se por bilhetinhos ou com a linguagem corporal.

Façam uma aula de linguagem de sinais e aprendam a se comunicar sem as palavras. Ou, pelo menos, tentem separar um tempo para olhar silenciosamente bem dentro dos olhos um do outro. O que vocês verão vale muito mais do que qualquer palavra.

# LeVada

Linguagem do amor

Você já completou alguma frase de seu(sua) companheiro(a)? Vocês, às vezes, pensam a mesma coisa ao mesmo tempo? Talvez já tenham desenvolvido a linguagem do amor.

Fiquem fluentes na linguagem internacional do amor. Planejem um encontro íntimo que deve acontecer no mais completo silêncio. Deixe que seu(sua) parceiro(a) descubra o que você deseja com um simples gesto ou ação.

Coloque as mãos do(a) parceiro(a) em seu corpo e mostre o que lhe excita. Em troca, acaricie áreas sensíveis dele(a). Fazer amor na ausência total de sons pode aguçar os outros sentidos.

Desafiem um ao outro para ver quem consegue ficar mais tempo sem falar. Estabeleçam metas altas. Pode ser que a fantasia sexual do vencedor seja realizada. Façam de tudo para quebrar o silêncio um do outro. Um longo e lento *striptease* ou uma massagem de óleo quente pode garantir a vitória. Lembre-se de que vale tudo no amor e na guerra!

boazinha
Pequenos favores

Um presente de amor espontâneo e inesperado pode nos lembrar o quanto nosso(a) companheiro(a) nos ama.

Compre ou faça três presentinhos que representem aspectos de seu relacionamento e peça que ele(a) faça o mesmo. Escolham três objetos: um que alimente a mente, um que alimente o corpo e outro que alimente a alma. Os presentes podem ser uma revista ou um livro que ele(a) sempre quis ler, o doce favorito ou qualquer outro item importante para ambos.

Embrulhem cada um separadamente e coloquem uma etiqueta "Algo para a mente", "Algo para o corpo" e "Algo para a alma".

Entreguem os presentes durante o jantar, abrindo alternadamente. Retribuam com sorrisos e abraços carinhosos. Expliquem por que escolheram aqueles presentes.

Levada

Novidades sensuais

Quais são os três objetos que você compraria para reanimar sua vida amorosa? Compre ou faça esses itens que apimentarão um pouco seu relacionamento.

Visitem uma loja de novidades ou alguma loja *on-line* e procurem três itens sensuais. Vocês dois devem fazer isso separadamente, para que um não saiba o que o outro vai comprar. Você certamente ficará surpreso(a) com as opções disponíveis: *lingerie*, loções, óleos, brinquedinhos para homens e mulheres, velas com formas sugestivas, alimentos afrodisíacos, acessórios de servidão, roupas íntimas comestíveis, vibradores, vídeos e revistas. Ao receber os presentes, embrulhe-os e coloque uma etiqueta identificando-os como Levado, Muito levado e Levadíssimo.

Na mesma noite especial, tomem juntos um banho de chuveiro ou banheira e, em seguida, vão para a cama abrir os presentes. Vocês vão começar por qual deles? Experimentem assim que forem abertos, mesmo que leve a noite toda.

boazinhas

À nossa

Se você gosta de dividir um copo de cerveja bem gelada ou uma garrafa de um bom vinho com o(a) companheiro(a), faça planos para aprender um pouco mais sobre suas bebidas favoritas.

Visitem uma loja de bebidas locais ou um vinhedo e descubram todo o esforço por trás da criação dessas deliciosas maravilhas. Explorem o romance que cerca a produção de cerveja e vinho ao longo dos anos.

Participem de um festival de cerveja ou um festival de vinho. Provem as deliciosas comidas e percam-se nas danças e na folia. Ou organizem uma degustação de vinhos ou cervejas em sua casa. Peçam que os convidados tragam a marca favorita para compartilhar com os demais.

Comprem um *kit* "Faça sua própria cerveja" e criem uma bebida caseira. Dêem à criação um nome que diga algo sobre vocês dois.

Façam juntos uma aula de degustação de vinhos. Aprendam a combinar perfeitamente pratos e vinhos. Comam, bebam e sejam felizes!

Levada

Você tem sede de quê?

Os gregos consideravam o vinho um presente dos deuses. Não deixe de incluir esse presente quando planejar o próximo encontro romântico com seu(sua) parceiro(a).

Bebam uma garrafa de vinho à luz de velas sob as estrelas. Preparem uma pequena mesa de bistrô no jardim. Completem o cenário com velas. Abracem-se bem forte e aproveitem a noite ao ar livre enquanto se deliciam com um bom vinho.

Arrisquem-se a tomar um banho de espuma de champanhe, cheio de pecados. A mistura de espuma e borbulhas garante uma noite bem sensual.

Relembrem a época de chopadas da faculdade. Desafie o(a) companheiro(a) em um jogo chamado Moedinha. O objetivo é jogar uma moeda em um copo cheio de cerveja. Quando o jogador consegue, o adversário tem de beber a cerveja. Em pouco tempo, qualquer inibição já terá sumido.

Dê um voluptuoso banho em seu(sua) parceiro(a) que inclua lavar o cabelo com cerveja. Saúde!

boazinha
Amarrada em você

Quando estamos apaixonados, sentimo-nos unidos ao(à) companheiro(a) por corpo, mente e espírito. Agora, tentem fazer isso literalmente. Passem parte do dia, ou um dia inteiro, amarrados um ao outro.

Amarrem uma corda ou um chaveiro daqueles com longas espirais no passador do cinto. Agora, divirtam-se enquanto tomam café-da-manhã lado a lado, fazem as tarefas domésticas, assistem à televisão ou realizam qualquer outra atividade do dia-a-dia.

Conversem sobre o que une vocês especialmente, como experiências da infância que os dois tiveram ou eventos que compartilharam, desde o início do relacionamento.

Se forem realmente corajosos, saiam na rua! Dêem um passeio ou corram juntos, visitem um pátio de escola ou desçam de escorrega juntos, presos um ao outro. Outra boa opção é visitar uma feira ou um festival, onde o ambiente é um pouco mais casual. Aproveitem as promoções "Dois por um" em bares e restaurantes!

Levada

Capitão Gancho

Estar sempre juntos tem um novo significado quando vocês estão presos e prontos para uma diversãozinha sensual!

Comprem algemas de brinquedo, aquelas de plástico ou metal, e brinquem um pouco no quarto. Existem lojas que vendem algemas forradas com pele para equilibrar prazer e "dor". Há outras lojas que vendem itens ainda mais ousados, que, de repente, vocês podem querer experimentar. Ou adquiram apenas uma corda de elástico ou um chaveiro com espiral de plástico.

Deitem-se na cama nus e prendam-se com todas as correntes, algemas, fitas e cordas que desejarem. Façam amor como se fossem prisioneiros.

Ou revezem-se. A cada hora, um é o prisioneiro e o outro é o "carrasco torturador". Os prisioneiros sempre tentam agradar aos sentinelas, com o objetivo de tentar negociar uma fuga.

boazinha
De olhos vendados

As pessoas costumam não pensar muito em como seria a vida sem a visão. Por que não passar um dia inteiro vendo o mundo com os olhos do outro?

Peça ao(à) companheiro(a) que use uma venda nos olhos durante um dia em que planejaram passar juntos. Se ele(a) ficar preocupado em chamar muita atenção, pode colocar óculos escuros e fechar os olhos.

Descreva as pessoas que vê e tudo à sua volta.
Na metade do dia, troque de lugar. À noite, vocês certamente vão se ver de outra forma.

Com ele(a) de olhos vendados, assistam juntos a um filme em casa. Descreva as ações, as cores e todos os elementos visuais.

Mais tarde, removam a venda e passem a noite perdidos nos olhos do outro. Lembrem-se de que essas atividades são só para os olhos!

O AMOR É CEGO

Sentidos sensuais

Quando vocês se conheceram, foi amor à primeira vista?
Organize um encontro que mandará para
o espaço a teoria de que o que os olhos não vêem
o coração não sente.

Receba o(a) companheiro(a) com uma venda nos olhos.
Cubra gentilmente os olhos dele(a) enquanto pede sussurrando
que confie em você. Conduza-o(a) até quarto.

Descreva o que está acontecendo enquanto você se despe.
Antecipe um pouco o que irá dizer, jogando uma peça de roupa
em cima dele(a). Ajude a melhorar o tato do(a) parceiro(a)
usando diferentes texturas, como lençóis de seda ou roupas
de pele, enquanto faz amor.

Façam uma degustação às cegas. Prepare vários pratos sensuais.
Melão, morangos, chocolate e sorvete de creme são ideais. Dêem
comida um na boca do outro e curtam os diferentes sabores.
Misturem os paladares beijando-se apaixonadamente.

Ao retirar a venda, ele(a) se apaixonará
novamente por você.

boazinha
Sua melhor metade

Quer saber como sua outra metade — sua melhor metade — vive? Tente ficar no lugar do(a) parceiro(a) durante um dia e veja como é a vida do outro lado.

Sentem-se juntos e façam uma lista de suas responsabilidades diárias. Agora, troquem a lista! Você deve fazer todas as tarefas da lista dele e ele, da sua. De repente, vocês podem marcar um almoço para trocar dicas. Almocem o prato favorito do outro.

Quando acabar o dia, relaxem no sofá vestindo o pijama do outro, e assistam aos filmes *Sexta-Feira Muito Louca*, *Trocando as Bolas* ou *Quero Ser Grande*.

Para uma troca de verdade, tentem trocar de casa com um outro casal durante um fim de semana ou uma semana inteira. Que parte do país vocês gostariam de conhecer e passar as férias? Vocês podem encontrar serviços de troca desse tipo na Internet, procurando clientes e tentando achar casais correspondentes. Não se esqueçam de buscar recomendações com clientes que já tenham usado o serviço.

LeVada

Invertendo os papéis

Saia da rotina também no quarto, trocando de lugar com o outro. Se você normalmente é quem toma a iniciativa na hora de fazer amor, deixe que ele(a) tome dessa vez. Se vocês têm suas posições e atividades-padrão, pense em algumas novas e mais criativas.

Em vez de simplesmente ocupar o lugar do outro, tentem usar também suas roupas! Isso mesmo! Dos pés à cabeça, vistam uma roupa do(a) companheiro(a), incluindo as peças íntimas. Se o tamanho não for o ideal, saiam e comprem outras. Alguns casais vão ainda além nessa encenação e acabam se divertindo muito.

Para algo mais ousado, aluguem um vídeo ou assistam a um *show* de transformistas. Ou, então, visitem uma loja ou um *site* de moda para pessoas que se vestem com roupas do outro sexo. Você descobriu alguma vantagem ou desvantagem no outro sexo?

boazinha

Nunca diga nunca

Tem alguma coisa que você sempre quis fazer
com ele(a), mas nunca encontrou tempo?
Bom, agora não mais!

Crie um quadro de atividades que nunca tenha feito com ele(a).
A imaginação deve correr solta. Nenhuma idéia é boba ou
impossível demais. Anote cada idéia em um cartão
e prenda todos num quadro.

Usando um dardo ou algo parecido, selecionem aleatoriamente um
cartão. Larguem tudo e realizem a atividade imediatamente. Não
passem para a próxima idéia sem terem concluído a escolhida.

Façam juntos uma lista do que nunca fariam para o outro. Usem
frases como "Eu nunca iria achar graça quando você estivesse triste"
ou "Eu nunca vou abandonar você". Coloquem a lista em
um quadro ou guardem uma cópia para se lembrar dela todos
os dias. Vocês nunca sentirão falta de opções criativas para
passarem algum tempo juntos.

LeVada

Terra do Nunca

Quais são seus desejos mais profundos? Quais são as fantasias que jamais ousou comentar? Não existe hora melhor do que agora para compartilhá-las com o(a) parceiro(a).

Escolham uma noite para deitar na cama e dividir frases do tipo "Eu nunca". Comecem cada pensamento com essas palavras. Falem suavemente sobre os desejos sexuais que um despertou no outro.

🔱

Encerre a conversa sussurrando no ouvido dele: "Eu nunca pensei que seria capaz de amar alguém tanto quanto amo você." É uma coisa a menos que nunca fez!

🔱

Planejem uma noite toda de jogos competitivos, como xadrez e jogo-da-velha. Quem vencer, terá sua fantasia sexual realizada. O perdedor terá a obrigação de realizá-la. Com uma recompensa dessas, vocês até esquecerão quem foi o perdedor!

boazinhas
Dê-me uma pista

Todo mundo ama a emoção de uma caçada, mesmo que seja apenas uma ida às compras no *shopping*! Crie sua própria missão, cujo tema seja uma caçada do amor para ambos.

Compre um pequeno presente e esconda em algum lugar da casa. O prêmio pode ser um cupom vale-beijo ou um vale-troca, valendo qualquer coisa. Agora, crie uma série de dez pistas para ajudar o(a) parceiro(a) a sair do ponto inicial e passar por vários pontos até chegar ao prêmio. Escreva as pistas de forma trabalhada, para dificultar o jogo. Uma idéia é escrever pistas como pequenos poemas. Você pode ainda incluir um elogio a ele(a) em cada uma delas.

Lugares traiçoeiros para esconder as pistas incluem sapato, debaixo do tapete ou no bolso da calça. Depois de esconder as pistas, traga o(a) companheiro(a) e comece o jogo com a primeira pista — e assim começa a caçada. Você pode definir um tempo-limite se quiser impor um espírito mais competitivo à brincadeira.

LeVada

Mim, Tarzã

Quem sabe que instintos animais se escondem por trás da aparência calma dele(a)? Faça com que ele(a) embarque em uma busca sensual, cujo prêmio será você.

Vista sua *lingerie* mais selvagem para essa caçada. Roupas íntimas com temas de animais, junto com botas e chicotes, tornam a aventura ainda mais excitante.

Agora, esconda alguns itens — como enfeites e fotos sensuais — por toda a casa. Escreva algumas pistas picantes em pedaços de papel que levarão o(a) companheiro(a) de um lugar a outro. Em cada pista, inclua uma pequena atividade *sexy* antes de partir para a próxima pista. Qual será o grande prêmio?

Escreva uma letra do alfabeto diferente no verso de cada pista, de forma que, quando todas forem colocadas juntas, formem uma frase com o que vocês terão de fazer na cama quando tudo terminar. Boa caçada!

boazinha

Bem na hora

Com a vida agitada de hoje em dia, é difícil encontrar tempo para dedicar àqueles que amamos. Compromissos profissionais e tarefas domésticas sempre ocupam todo o nosso dia. Acreditem ou não, o tempo está do seu lado!

Façam o tempo parar. Tirem o relógio do pulso e cubram todos os relógios da casa. Passem o dia todo juntos sem saber que horas são. Não façam planos. Simplesmente, aproveitem a companhia um do outro.

Se gostarem da emoção de apostar tempo, selecionem algumas atividades que deverão ser cumpridas ao longo do dia. Definam um limite de tempo para cada uma. Quando o tempo de uma atividade acabar, passem para a próxima. Você ficará impressionada com o que consegue fazer.

Se você morar em uma área em que a duração do dia depende da estação do ano, use o tempo a mais que ganhar para fazer algo frívolo com o(a) parceiro(a). Dancem música lenta sob a lua cheia ou preparem uma sangria. Não tem problema. Vocês têm todo o tempo do mundo!

LeVada

Romance sem fim

Você já ouviu falar que o tempo não perdoa? Assuma as rédeas de sua vida e recupere o tempo perdido!

Com esse tempo recuperado, faça uma maratona de sexo. Dedique muito tempo às preliminares e veja o quanto consegue fazer a paixão durar. Se, ainda assim, o tempo for um problema, arrume um jeito de encaixar uma "rapidinha" no dia cheio.

Planejem um momento de preguiça. Passem o dia inteiro na cama. É claro que dormir é opcional. Levantem no pôr-do-sol e fiquem a noite toda acordados, juntos. Cuidem das tarefas domésticas diárias, indo, por exemplo, a supermercados 24 horas.

Peguem 24 tiras de papel e escrevam uma hora do dia em cada uma. Coloquem-nas dentro de um chapéu e tirem duas ou três tiras. Durante o dia, parem tudo o que estiverem fazendo e façam amor nessas horas. Agora, toda hora é hora!

142   A ERA DOS COMPUTADORES

boazinha

Mensagem para você

Os computadores proporcionam formas excitantes de
comunicação e informação. Aproveite para acrescentar
uma pitada extra de diversão ao relacionamento.

Registrem-se em um serviço *on-line* que ofereça hospedagem gratuita
à sua *web page*. Depois, juntos, criem um *site* de vocês dois, com
suas fotos favoritas, ou coloquem informações sobre seus interesses.
Avisem aos amigos para visitarem sua página, para saber o que está
acontecendo em suas vidas.

Vocês precisam de um computador, equipamento ou *software* novo?
Saiam às compras juntos. Depois, voltem para casa e instalem
a nova aquisição. Visitem uma exposição de computador
para ver o que há de novo. Aproveitem as demonstrações
de *hardware* e *software*.

Para passarem uma noite divertida juntos, naveguem pela
Internet em *sites* de seu interesse ou procurem a palavra "romance"
e vejam que idéias aparecerão.

A ERA DOS COMPUTADORES 143

Levada

Conectados e apaixonados

A comunicação eletrônica oferece um quê de
mistério aos encontros românticos.

Usando endereços de *e-mail* separados, enviem mensagens
sedutoras um para o outro. Escolham apelidos sensuais para usar
quando estiverem *on-line*. Comecem a troca com mensagens
introdutórias, que, depois, ficarão cada vez mais picantes.
Descrevam-se de forma exagerada. Falem sobre o que fariam caso
se encontrassem pessoalmente. Nas mensagens de *e-mail*,
indiquem *sites* picantes para o outro.

Depois, quando não conseguirem mais suportar o *suspense*,
marquem um encontro.

Passem a noite navegando por *sites* picantes, daqueles que
incluem histórias eróticas e fotos sensuais. Tentem experimentar
algo do que aprenderam.

boazinha

Por trás da máscara

O Dia das Bruxas acabou virando uma indústria de sucesso. Cada vez mais os adultos estão aderindo à festa. Mas, fala sério, por que esperar até 31 de outubro?

Vá a um baile de máscaras com seu companheiro. Escolha fantasias que reflitam o tema do evento. Divirtam-se fantasiando-se como casais ou duplas famosas, como Marco Antônio e Cleópatra ou o Gordo e o Magro. Além de divertidos, muitos desses eventos levantam dinheiro para instituições beneficentes.

No Dia das Bruxas, entre em contato com a criança que existe dentro de você. Passe a tarde junto com seu(sua) companheiro(a), recriando suas fantasias favoritas. Quando escurecer, caminhem pelas ruas fantasiados.

Também pode ser divertido passar um tempo juntos em uma loja de fantasias. Transformem-se em uma dama vitoriana e em cavaleiro da Távoa Redonda do rei Artur, nem que seja por alguns minutos.

MASCARADOS

LeVada

Doce ou travessura

Você gosta de se fantasiar mas acha as fantasias mais comuns do Dia das Bruxas, como mendigos ou fantasmas, meio sem graça? Aventure-se e planeje uma noite mais atraente para adultos.

Dêem uma festa com o tema: "cafetão e prostituta". Transformem a casa em um bordel barato durante uma noite. Mostrem que a casa de vocês tem uma péssima reputação, iluminando a porta da frente com luz vermelha. Peçam que os convidados se vistam a caráter.

Na chegada de cada convidado, dêem a eles algumas notas de 100 reais em dinheiro de brincadeira. Ao longo da noite, os cafetões devem tentar negociar com os outros convidados os serviços de sua cliente. No final da noite, o casal que tiver mais dinheiro vence.

Se preferirem algo mais íntimo, criem uma noite de romance cinematográfico, vestindo-se como casais da telona. Pensem em personagens que poderiam fazer a temperatura subir. Com uma ajudinha dos personagens principais, esse filme certamente seria classificado como "apenas para público adulto".

boazinha
O amor está no ar

A primavera traz uma sensação de renovação em nossas vidas. Folhas bem verdes surgindo nos arbustos e flores se abrindo sob o sol suave.

Saiam e aproveitem a primavera à sua maneira. Visitem um jardim botânico ou uma exposição de flores. Vão até uma loja de jardinagem ou a um viveiro e escolham algumas plantas coloridas para trazer um pouco da primavera para a casa, tanto do lado de dentro quanto do lado de fora. Plantem-nas no jardim ou nas jardineiras.

🌿

Façam um piquenique no jardim ou em um parque da vizinhança. Faça uma pipa bem colorida e solte-a enquanto o(a) companheiro(a) tira uma soneca na rede ou na manta, no chão. Compre guirlandas de videira, flores secas e fitas e faça seu próprio chapéu medieval com pratos de papel!

🌿

Participem de um concerto ao ar livre ou façam uma viagem durante o fim de semana para assistir a um jogo de futebol amistoso.

Levada

A febre da primavera

Dê as boas-vindas à primavera dentro de sua casa, transformando seu quarto em um ninho.

Enfeite o quarto com velas e essências florais. Vá até um florista e compre rosas já maduras, tire as pétalas e espalhe-as em cima do lençol. Vista algum *robe* ou camisola florida. Com o movimento da primavera de As Quatro Estações de Vivaldi ao fundo, façam amor em seu próprio jardim de primavera.

O Mastro de Beltrane é um ritual antigo no qual os jovens dançam em volta de um mastro com fitas, torcendo-as. Originalmente, tratava-se de uma cerimônia de fertilidade, com o Mastro simbolizando a anatomia masculina, portanto, cuidado! Faça seu Mastro de Beltrane usando fitas de cetim ou qualquer outra fita de sua preferência. Você pode até se autodenominar rei ou rainha de Beltrane.

Uma fantasia de coelhinha da *Playboy* também pode ser perfeita para animar a noite!

boazinhas

Estação do calor

À medida que os dias vão ficando mais quentes, todos os pensamentos se voltam para praia, futebol na areia e viagens para o litoral em busca de um bronzeado.
É isso aí, o verão chegou!

Tire um dia de folga com o(a) companheiro(a) em um parque estadual local. Deitem-se na sombra de uma árvore e refresquem-se com refrigerante bem gelado e sanduíches naturais. Brinquem no balanço, empurrando o outro bem alto, na direção do céu, ou desçam juntos em um daqueles escorregas duplos.

Fuja um pouco do sol e peça que seu(sua) companheiro(a) o(a) ajude a encontrar o par de óculos escuros perfeito. No caminho de casa, parem em sua sorveteria favorita e dividam uma casquinha.

Façam um churrasco com amigos da vizinhança. Preparem muita picanha e asinhas de frango. Desafiem os convidados a jogar uma partida de vôlei no quintal.

Tarde da noite, capturem alguns vaga-lumes, para depois soltá-los.

Levada

Onda de calor

Quando éramos crianças, o verão significava férias, ficávamos livres da escola e daquelas montanhas de dever de casa. Aproveitem a oportunidade para dar uma escapadinha de verão, só vocês dois.

Ousem ficar sem roupa em algum lugar em que estar vestido é opcional. Muitos *resorts* oferecem acomodações confortáveis para casais que desejam ficar ao natural. Aproveitem uma ida sensual à praia, sucumbindo ao(à) nudista que existe dentro de cada um.

Se vocês preferirem ficar juntinhos em casa, planejem um dia íntimo na piscina. Comprem um microbiquini ou uma sunga da Speedo. Misturem uma dose de bebidas geladas e passem a tarde toda no sol. Não se esqueçam do filtro solar.

Tentem se refrescar à moda antiga. Coloquem muitos ventiladores em volta da cama. Ponham uma bacia de gelo em frente a cada ventilador para criar uma leve brisa refrescante. Brinquem de esfregar gelo no corpo um do outro. A temperatura irá subir!

boazinha
Os embalos de sábado à noite

Os anos 1970 marcaram presença definitiva na moda, na música e no comportamento. Volte no tempo e entre na febre da discoteca.

Vão a uma loja de fantasias ou a um brechó e procurem trajes dos anos 1970: camisas de poliéster de malha dupla, suéter de manga comprida, bem justa, calças boca-de-sino, sapato plataforma e cintos bem largos.

Aluguem o filme clássico da época, *Os Embalos de Sábado à Noite*, e dancem durante as cenas de discoteca. Se precisarem de uma ajudinha extra, arrumem um vídeo sobre como dançar música "disco" e pratiquem os movimentos. Depois, mostrem o que aprenderam em uma casa noturna que toque esse tipo de música.

Desencavem seus discos e fitas antigas e criem uma noite dos anos 1970 juntos. Ou escutem uma estação de rádio que toque esse tipo de música. Preparem aperitivos ideais para noites assim: frango à passarinho, quiche, torradinhas e pastas. Pensem em apelidos divertidos que poderiam usar caso estivessem se comunicando via *walkie-talkie*. Positivo e operante!

LeVada

Inferninho

Já ouviu falar nos anéis do humor? Eram anéis com pedras sensíveis que mudavam de cor de acordo com suas emoções.

Sejam um anel do humor humano durante seu próximo encontro sexual. Enquanto estiverem se aquecendo nas preliminares, fale o nome dessas cores para deixar o outro saber como estão suas emoções: marrom significa "estou esperando", verde significa "estou esquentando", azul significa "conseguiu prender minha atenção", roxo significa "estou quente" e vermelho significa "estou fervendo".

Se quiserem uma grande aventura dos anos 1970, aluguem uma Chevy van com um toca-fitas, dirijam por áreas verdes e agitem o lugar tocando em alto e bom som sua música "disco" favorita. Criem seu próprio inferninho em casa durante uma noite. Vistam seu pior traje no estilo anos 1970, toquem alguma música no estilo "disco" e seduzam um ao outro na pista de dança.

boazinha
Aqui deste lado

O mundo das lutas livres profissionais é bruto, mau e colorido. Tudo é espalhafatoso, começando pelos nomes dos lutadores. Esses apelidos dizem à platéia e aos adversários a que vieram.

Assistam a uma luta livre profissional ao vivo em casa ou em algum lugar, leiam algumas revistas sobre o assunto e pensem nos motivos pelos quais os lutadores escolheram seus nomes.

Agora, inventem nomes de lutadores profissionais para vocês dois. Aproveitem seus atributos, apelidos do passado, palavras que rimem com o nome ou sobrenome, ou alguma característica física. Dêem uma incrementada no nome com uma idéia de quais seriam seus pontos fortes no ringue.

Assistam a lutas livres travadas em torneios na televisão ou vão a uma partida de luta livre amadora.

Se vocês preferirem outro tipo de contato com o esporte, façam aula de boxe ou *kickbox*. Pratiquem na academia ou comprem um saco de boxe e coloquem em casa. Vocês conseguem agüentar nove *rounds*?

LUTA CORPORAL

Levada

Prontos para brigar?

Lutadores profissionais sabem muito bem como lucrar com sua imagem, capitalizando sobre seus nomes extravagantes, sendo grosseiros e vestindo uniformes justos.

Depois de escolherem um apelido de lutador de luta livre, preparem sua imagem. Comprem trajes de malha, conhecidos como *leotard*. De preferência, preto, que já diz a que veio. Enfeitem a roupa com purpurina ou outros detalhes, como correntes, franjas ou brilhos.

Em seguida, fixem o cabelo com muito laquê. Podem até colocar um daqueles *sprays* com purpurina colorida. Comprem tintura de rosto em loja de fantasia e façam uma tremenda maquiagem — mais *sexy* ou selvagem que desejar. Espalhem pelo corpo tatuagens falsas ou mesmo um *piercing* falso na sobrancelha, no nariz ou no umbigo.

Se forem corajosos o suficiente, vão assistir a uma luta livre vestidos assim ou pelo menos assistam a uma luta pela televisão. Vocês devem escolher lutadores diferentes para torcer. Torçam apaixonadamente.

Se forem torcedores de verdade, é bem provável que a luta desperte a rivalidade a ponto de vocês travarem uma luta, uma quebra-de-braço ou, quem sabe, um corpo-a-corpo. Vocês vão entrar na contagem regressiva.

boazinhas

Em busca de amor

Já imaginou como você se descreveria em um anúncio pessoal? Faça isso com ele(a).

Sentem-se juntos e dêem uma olhada nos anúncios do jornal local. Aventurem-se na categoria "Só diversão" ou "Outros" e divirtam-se, tentando decifrar os acrônimos ocultos.

Agora, peguem lápis e papel ou usem o computador para escrever seu próprio anúncio. Pode ser uma descrição verdadeira ou exagerada. Troquem de papel e vejam se concordam com a descrição do outro. Em seguida, escreva anúncios sobre o(a) parceiro(a), fazendo elogios e até mesmo gabando-se de todas as maravilhosas qualidades dele(a).

Como uma surpresa de aniversário ou aniversário de namoro ou casamento, escrevam um anúncio pessoal declarando seu amor (usem apelidos) e enviem para a seção de anúncios pessoais do jornal.

Levada

Ao gosto do freguês

Vamos encarar a realidade. O objetivo dos anúncios pessoais é "vender" a pessoa, por seus atributos, sejam reais ou fantasiosos!

Usando os anúncios pessoais de um jornal, corte e cole uma descrição sexy. Peça que seu(sua) companheiro(a) faça o mesmo. Troque de anúncio e veja se existe alguma verdade.

Depois, redijam anúncios pessoais que os descrevam como seres sexuais. Podem ser realistas ou fantasiosos nos detalhes. Tornem as descrições irresistíveis.

Agora, escreva um anúncio sobre o outro, descrevendo-o como um poço de sexualidade. Comente sobre o desempenho dele(a), o prazer proporcionado e os serviços prestados. Troquem as anotações e leiam em voz alta um para o outro, usando uma voz bem *sexy*. É bem provável que desejem verificar a veracidade das informações!

boazinha

Tesouros transparentes

Por que não reservar um tempinho para explorar junto com ele(a) aquela máxima que diz que você tem exatamente o que vê?

Passe uma tarde vendo vitrine com o(a) companheiro(a). Passeiem por alguma galeria de antiguidades ou, então, em algum *shopping* de vários andares. Procurem lojas únicas que, em geral, vocês não dariam a mínima atenção. Não entrem em nenhuma loja; apenas apreciem as vitrines.

Peguem um barco que permita ver as maravilhas que existem debaixo da superfície da água através de um vidro. Visitem um aquário e conheçam mais um pouco sobre os mistérios do mar.

Surpreenda o outro com uma pequena demonstração de seu carinho. Embrulhe o presente em um papel de celofane bem colorido ou em uma caixa de plástico decorada e transparente.

Dêem um passeio por uma catedral ou igreja e impressionem-se com a beleza dos vitrais. Mais tarde, se forem criativas, tentem fazer vocês mesmos uma lembrança de vidro.

Deleite completo

É preciso ver para crer, mas, às vezes, pode ser inacreditável ver parcialmente! Planeje uma noite inteira tentando distrair seu companheiro.

Saia para fazer compras juntos em trajes menores. Ouse sair usando alguma roupa transparente ou com frestas sensuais para virar a cabeça do parceiro. Muitos catálogos e lojas de roupas de adultos fornecem roupas para pessoas que gostam do exótico.

🔱

Crie um traje insinuante para dar as boas-vindas a ele. Cubra o corpo com alguma capa de plástico transparente ou aqueles plásticos de bolinhas usados para embalar itens frágeis.
Peça que ele abra com cuidado.

🔱

Façam seu próprio concurso da camiseta molhada. Tomem um banho de chuveiro com o companheiro usando apenas uma camiseta branca e calcinha branca ou cueca samba-canção branca. Deixem que o tecido fique bem transparente à medida que a água for batendo no corpo.

🔱

Façam amor em cima de um plástico bem grosso e transparente. Usem um pouco de óleo de massagem com alguma essência para que não grude tanto e vocês certamente irão escorregar até o êxtase.

boazinha

Mexendo o esqueleto

Se você é louca por música, agarre seu companheiro
e vá para a pista, porque não há nada melhor
do que mexer o corpo!

Passem na locadora e aluguem um filme que ajude vocês a
"entrarem no clima". Filmes como *Os Últimos Rebeldes* ou *Curtindo a Noite* são excelentes opções para ferver o sangue e mexer o corpo.

Com medo de estar enferrujada? Entre em uma aula de dança com
seu(sua) parceiro(a). Em pouco tempo, vocês já serão pés-de-valsa.

Saia à noite com ele(a). Vá a um clube que toque *swing* ou a um
baile beneficente que tenha uma banda ao vivo.
Vistam roupas que marquem a época dos bailes. Convença seu par
a entrar em um concurso de dança.

Se vocês ainda não estiverem prontos para mostrar seus movimentos
em um mundo desconhecido, movam a mobília e criem sua
própria pista de dança na sala. Preparem alguns coquetéis e estejam
prontos para entrar no ritmo!

Levada

Muito *swing*

Já sonhou com um encontro inesperado com um estranho bastante atraente em um local pouco iluminado? Não precisa mais sonhar, porque o cabaré será inaugurado esta noite.

Planeje uma noite de *swing* a dois. Crie uma atmosfera provocante no quintal ou na sala com uma pequena mesa coberta por um pano vermelho vivo. Complete o clima com uma vela pequena e um cartão "Reservado para amantes".

Coloque as luzes bem baixas e toque uma de suas músicas favoritas dos anos 1940. Finja que você é uma menina solitária com um cigarro na mão, que está terminando seu turno, ou uma militar de folga na cidade, em busca de um rosto simpático.

Ofereça um drinque ao companheiro ou dancem uma música lenta juntos. Com o passar das horas, dirijam-se até o quarto para um último drinque e um pouco de diversão!

boazinha

Quando o inverno chegar...

...eu quero estar junto a ti! Quando o vento frio começar a soprar, aqueça-se e aproveite o frio junto com seu amor, realizando alguma atividade ao ar livre.

Passem o dia ou o fim de semana em alguma cidade fria do Sul. À noite, saiam para curtir o frio, o que é especialmente romântico se houver uma fogueira ao ar livre. Não deixem de tomar bebidas quentes. Quando chegarem em casa, aqueçam as bochechas vermelhas ao lado da lareira e façam massagem no pé do parceiro, para aquecer os dedinhos.

Nas férias, se realmente se dispuserem a curtir o frio, fujam juntos para um *resort* de inverno que ofereça esqui. Se vocês não souberem esquiar, façam algumas aulas. Aluguem um *snowmobile* e corram para as montanhas. Organizem uma nostálgica descida de trenó e depois fiquem abraçadinhos ao lado da lareira no chalé ou no quarto, bebendo chá quente ou cidra. Tomem juntos um banho quente de banheira.

Levada

Quero que você me aqueça neste inverno

Aqueça seu relacionamento neste inverno criando um ninho de amor aconchegante só para vocês dois.

Se estiverem em casa, deitem-se bem juntinhos debaixo de um cobertor elétrico. Aqueçam óleo de massagem em um prato de água quente e depois gentilmente massageiem o corpo do outro. Acendam velas com essência de bálsamo, pinho ou incenso, para dar ao quarto um aroma de cabana alpina rústica. Ou façam uma viagem romântica para as montanhas, a fim de aproveitar um pouco da beleza das paisagens. Façam um *tour* por vinícolas e provem alguns vinhos. Depois, à noite, bebam chocolate quente em frente à lareira.

Arrumem uma banheira particular ou invadam, à meia-noite, a piscina de um *resort* e façam amor na água morninha. Depois, deitem juntos sem roupa em frente à lareira ou no *loft,* cobertos apenas por um cobertor xadrez de lã.

boazinhas

Prisioneiros

Os compromissos diários não deixam muito tempo para vocês curtirem juntos? Feche a agenda e esconda a chave do carro, você está em prisão domiciliar!

Escolham um dia em que vocês estão proibidos de sair de casa. Vocês ficarão surpresos com o tanto de coisas que terão para fazer. Passem o dia jogando cartas ou montando um quebra-cabeça. Se vocês forem bastante ousados, toquem aquele projeto doméstico que vinham adiando.

Brinquem de um jogo chamado "tudo o que podemos fazer no conforto de casa". A tecnologia de hoje nos dá o luxo de fazer quase tudo sem precisar colocar o pé fora de casa. Peçam comida, assistam a um programa de compras na televisão ou naveguem na Internet em busca de boas ofertas.

Planejem um festival de filmes cujo tema seja prisão. Passem o dia assistindo a filmes como *O Homem de Alcatraz*, *Um Sonho de Liberdade* e *Loucos de Dar Dó*. O confinamento solitário é muito mais agradável quando ao lado daquele(a) que amamos!

LeVada

A palavra paixão

Você sente que vocês merecem uma fuga romântica?
Pode ser que esteja na hora de entrar com um
mandado de prisão erótica.

Planejem passar algum tempo encarcerados na prisão sensual.
Visitem uma loja de artigos para adultos e comprem um par de
algemas ou qualquer outro instrumento repressor excitante. Muitas
dessas lojas oferecem algemas forradas com tecido macio.

Durante uma noite, trate seu(sua) companheiro(a) como se fosse o(a)
prisioneiro(a) do amor. Com a permissão dele(a), faça uma prisão
civil, que é o direito de um cidadão qualquer dar voz de prisão a
outro. Algeme gentilmente o(a) prisioneiro(a) e leve-o(a)
para o quarto, onde deverá realizar uma longa revista.
Não se esqueça de manusear toda e qualquer arma escondida
com todo o cuidado do mundo.

Como carcereira(o) dessa prisão sem-vergonha, você será
responsável pelo bem-estar do outro. Pense em formas criativas de
tornar a pena de seu amor mais tolerável. Algum "exercício" no
pátio talvez seja agradável. No final da noite, é bem provável que
ele(a) peça uma extensão de pena!

boazinha
É hora de *rock-and-roll*

Está na hora de cair no *rock-and-roll*. Faça uma viagem musical ao passado, até a época dos anos dourados.

Coloquem seus melhores trajes anos 1950, dos pés à cabeça. Para os homens, isso significa colocar os cabelos para trás com gel e camisa de botão, calças compridas e sapato social. Se você tiver um moletom de universidade, melhor ainda! As mulheres devem usar rabo-de-cavalo (pode ser próprio ou alugado de uma loja de perucas), uma blusa branca engomada, saia rodada, meia soquete branca e sapatinho estilo boneca.

✿

Dirijam-se a uma lanchonete que tenha mesas ao ar livre ou a um *drive-thru*. Deliciem-se com *milk-shake*, refrigerante com sorvete ou *banana-split*. Toquem no carro músicas dos anos 1950. Depois, abaixem os vidros, aumentem o volume da música e cruzem a cidade mascando chiclete. Vão até um clube que toque música dos anos 1950 e dancem até o amanhecer.

✿

Depois, viajem por um dia ou fim de semana até uma exposição de carros clássicos, talvez em uma cidade nova.

Levada

Duas silhuetas na sombra

Nos anos 1950, os *bad boys* vestiam calças *jeans*,
camiseta branca e jaqueta de couro preto. Decida se
vocês vão se comportar bem ou mal à noite.
Talvez fique mais divertido se cada um escolher um
comportamento diferente.

Comprem Coca-Cola naquelas garrafas de vidro clássicas, preparem
uma tigela de pipoca e vão assistir à tevê. Deitem-se no chão juntos.
Deixem que as mãos bobas os levem aonde desejam ir.
Brinquem de girar a garrafa.

Agora, vocês estão prontos para alugar um Chevy vermelho ou azul
1957 e cruzar a cidade em um sábado à noite. Se não conseguirem
encontrar nenhum daqueles *drive-ins* antigos, parem o carro em um
local tranqüilo, com uma bela paisagem, ou então em um lugar
isolado. Fiquem no banco traseiro e namorem. Até onde você chega
no primeiro encontro? Qual é o seu toque de recolher?
Você aceita namorar? O que isso significa?

boazinha

Bons tempos aqueles

Os anos 1960 foram uma época em que se redefiniu o conceito de liberdade. Música *folk*, cabelo comprido e calça boca-de-sino roubaram a cena. Reserve um tempo para entrar em contato com a flor que existe dentro de você.

Aproveitem um pouco da experiência de Woodstock e participem de um festival de música ao ar livre. No verão, muitas bandas viajam fazendo *shows* ao vivo. Passem um dia inteiro ouvindo música com seu amor.

Entre em contato com sua consciência social. Peça ao(à) companheiro(a) para se envolver em alguma causa que signifique algo para ambos. Vocês podem encontrar informações sobre grupos ambientais e sociais na Internet. Participem de uma passeata pacífica ou sejam voluntários em algum programa de ajuda aos mais carentes.

Vocês não precisam ser *hippies* para se vestirem como um. Pintem camisetas juntos. Escolham cores bem fortes e cheias de vida e usem cordas ou fitas de borracha para dar um ar mais selvagem ao tecido. Vocês vão se divertir e se sentir muito bem!

Demonstração de amor

A juventude rebelde deixou para trás toda a sua inibição em relação ao sexo. O amor livre reinava soberano. Por que não continuar essa tendência e começar sua própria revolução sexual?

Façam uma viagem em uma van daquelas clássicas. Saiam de casa sem qualquer destino certo. Deixem o vento ser o guia. Parem de vez em quando para fazer amor. É a única forma de viajar.

Deixem suas preocupações e roupas para trás e visitem alguma área de nudismo. Viajem até a praia de nudismo mais próxima. Liberem seu corpo e seu espírito, passando algum tempo juntos.

Moças, juntem-se às suas companheiras dos anos 1960 e queimem os sutiãs. Os rapazes podem participar, banindo também sua roupa íntima. Escolham um dia inteiro para passar sem roupa.

Cancelem todos os planos para o fim de semana e estabeleçam um fim de semana de demonstração de amor. Deixem de lado todas as distrações do dia-a-dia e passem o fim de semana todo fazendo amor.

boazinha
As riquezas da Ásia

A Ásia possui enorme variedade de culturas diferentes e a sabedoria de milhares de anos. Descubra alguns dos segredos que essa região tem a oferecer.

Experimentem um tipo de cozinha asiática que nunca provaram antes, como tailandesa, chinesa, japonesa, vietnamita, algo da Malásia ou da Indonésia.

Comprem biscoitos da sorte e retirem os papeizinhos com cuidado. Depois, sentem-se juntos e escrevam novas mensagens que exprimam o que vocês sentem um pelo outro. Insiram-nas nos biscoitos e troquem. Aproveitem os biscoitos com chá japonês servido em copinhos redondos.

Estudem a arte chinesa de *feng shui*, em que a colocação dos objetos no ambiente afeta o fluxo de energia. Vocês podem fazer isso no quarto, em toda a casa ou no escritório.

Se vocês preferirem uma atividade mais divertida, façam juntos aula de artes marciais. Existem muitas opções: *tae kwon do*, karatê, jiu-jítsu e *tai chi*. Quando terminarem, talvez precisem registrar suas mãos como armas letais!

LeVada

A gueixa sorridente

A gueixa, ou cortesã japonesa, é uma figura muito misteriosa. Voltando aos tempos antigos, as gueixas são especialistas em proporcionar prazer. Elas sabem exatamente o que os parceiros desejam. E você?

Você, ou seu companheiro, ou ambos, podem se vestir como uma gueixa. (Você viu *Madame Butterfly*?) Coloque *robes* de seda de cores bem fortes e sapatos ou sandálias plataforma. Agora, use maquiagem para deixar o rosto branco, os lábios bem vermelhos e os olhos com linhas pretas bem fortes.

Pendure no quarto um daqueles enfeites metálicos que tilintam com o vento. Para criar os sons místicos do Oriente, ligue um ventilador. Acenda incensos.

Façam uma refeição com *sushi* sentados em almofadas a uma mesa baixa ou uma mesa improvisada de caixa de papelão. Usem pauzinhos para comer e sirvam saquê ou vinho de ameixa.

Agora, revezem-se no papel de "gueixa", proporcionando prazer ao parceiro, cantando, dançando, fazendo massagem e realizando atos sexuais diferentes.

boazinha

A seu dispor

Já imaginou ter alguém para cuidar de tudo para você? Dedique um dia, junto com seu amor, para aproveitar um pouco o lado bom da vida.

Tirem no palitinho ou na cara ou coroa para decidir quem será o primeiro a ser paparicado. Como empregado(a), passe o dia fazendo tudo para agradar ao outro.

Prepare uma refeição generosa, um banho morno ou lave o carro. Na metade do dia, troque de lugar e prepare-se para ser paparicado(a).

No final do dia, faça uma massagem no pé do outro com óleo de hortelã e riam sobre os eventos do dia.

Uma outra opção é fazer uma lista de tarefas de ambos que gostariam de ver prontas. Troquem a lista e passem o dia experimentando um pouco da vida do outro. Você verá seu(sua) parceiro(a) com outros olhos.

LeVada

Servidão sensual

Imagine voltar para casa depois de uma longa semana de trabalho e encontrar alguém que fará tudo aquilo que você pedir! Pare de sonhar e organize um fim de semana para vocês dois se tornarem escravos sexuais.

Comecem escolhendo um traje indecente um para o outro. Tentem ir mais além e comprar uma coleira de couro ou outro acessório do gênero em alguma loja de produtos especializados.

Decidam quem será o primeiro a servir e passem a noite toda tornando todas as fantasias do patrão realidade. Na noite seguinte, troquem de lugar. Lembrem-se de pegar leve.

Criem juntos um livro de cupons de amor. Façam com que cada cupom valha um encontro romântico. "Uma sessão de preliminares prolongadas" ou "Sexo ardente ao ar livre" são idéias perfeitas. Dividam os cupons igualmente e usem por sua própria conta e risco!

boazinhas

Amendoim e pipoca

Leve-me ao jogo! O futebol é uma maravilha — em casa ou em um estádio de futebol. Também é legal viajar para ver seu time jogando fora de casa.

Organizem um sábado à tarde ou um dia de semana à noite para assistir a um jogo de futebol. Coloquem a camisa e o boné de seu time. Preparem cachorro-quente e a bebida favorita. Ou aluguem um vídeo sobre lendas do esporte, com os melhores jogos de todos os tempos ou sobre momentos engraçados na história do esporte.

Em seguida, procurem uma exposição de figurinhas com temas esportivos e passem o fim de semana vendo que tipo de moeda de troca valiosa vocês têm em mãos ou que lembram ter tido na infância.

Se não for a época dos campeonatos de futebol, vão a um jogo de basquete, um evento olímpico, um torneio de boliche ou um jogo de tênis. Disputem uma partida de basquete em uma quadra da vizinhança ou assistam a algum evento esportivo amador. O importante não é vencer ou perder, mas, sim, como cada um joga.

Levada

Dê-me um A-M-O-R

Futebol é chato? Coloque um pouco de pimenta nos eventos esportivos e mude sua opinião!

Vista uma roupa no estilo americano das líderes de torcida norte-americanas, a mais apertada e curta que conseguir arrumar, e faça uma coreografia especial para seu companheiro. Alugue um filme sobre líderes de torcida, daqueles bem americanos — bobos ou sensuais —, como preferir.

Passe o fim de semana em um *resort* cujo tema seja esporte e no qual vocês possam praticar esportes juntos ou separados. Alguns oferecem determinados esportes como tênis ou golfe.
Depois das aulas, façam uma massagem relaxante e uma refeição saudável. Não há nada melhor do que suar um pouco para abrir o apetite... dos dois.

Enquanto estiverem assistindo a um jogo de futebol no hotel ou em casa, determine com o companheiro o que significa "impedimento", "bola na trave", "contra-ataque" e um "gol de placa" em seu vocabulário sexual. Durante o jogo, a cada gol marcado por seu time, abra a guarda para o ataque do adversário.
Vamos torcer para ser uma goleada!

boazinha

Feliz Natal, meu amor

O final do ano é a época ideal para celebrar em casa as tradições consagradas pelo tempo. Compartilhem esse momento a dois.

Conversem sobre as tradições das festas de fim de ano em família. O que era mais especial para você na infância, nessa época?

Passem a tarde preparando quitutes de Natal juntos. Façam panetone caseiro com a receita de sua casa ou de outro lugar que signifique algo para ambos.

Tirem uma foto de vocês juntos e coloquem em um cartão de Natal, ou façam um cartão no computador. Se quiserem usar um carimbo postal festivo, enviem cartões pré-carimbados para os correios.

Espalhem esse sentimento natalino telefonando ou escrevendo *e-mails* aos familiares e amigos com quem não falam há algum tempo. Quando estiverem juntos bebendo cidra, espumante, vinho ou cerveja e cantando músicas natalinas, perceberão que seus problemas ficaram lá atrás.

LeVada

Ho, ho, ho

É melhor tomar cuidado, porque Papai Noel sabe muito bem quem foi bonzinho e quem não se comportou. No entanto, às vezes, comportar-se mal pode ser bem divertido.

Procure uma fantasia de Papai Noel ou de duende. Duendes saidinhos usam botas de cano alto e roupas bem justas. Revezem-se no papel do bom velhinho. Enquanto estiver sentada no colo do Papai Noel, tente fazer o máximo para convencê-lo de que você realmente deseja tudo o que está pedindo.

Entrem juntinhos embaixo de um lençol e assistam, a seu filme de Natal favorito. Bebam leite e comam biscoitos na cama.

Embrulhe-se em papel de presente de Natal, só papel de presente, e fique ao lado da árvore esperando seu(sua) companheiro(a) chegar em casa.

Exatamente como o Papai Noel faz uma lista, vocês também podem fazer uma lista das coisas "boas" e "ruins" que fizeram durante o ano. Pensem no que podem fazer de diferente no ano que está para chegar e depois perdoem um ao outro e as outras pessoas.

Planejem uma escapada de verão até um *resort* que ofereça muitas possibilidades para aproveitar a estação mais quente do ano. Como diz a música "All I Want for Christmas is You" [No Natal eu só quero você].

boazinha

Seu lugar romântico

Qual é sua idéia de paraíso: uma ilha tropical, um chalé nas montanhas ou uma cidade européia? Qual é o lugar romântico ideal de seu(sua) companheiro(a)? Faça uma viagem e aproveite esse lugar em primeira mão ou crie um em sua casa.

Se você está em busca do calor tropical, vá até as praias do Nordeste do Brasil, Caribe ou Miami. Se preferirem trazer os trópicos até vocês, criem um ambiente perfeito em casa. Liguem o aquecimento (se não estiver no verão), tragam todas as plantas para a sala, coloquem alguma música com percussão, sirvam-se de comida caribenha, preparem drinques com rum e façam o concurso da cordinha: vejam quem consegue passar por baixo de uma corda, sem tocar nela, inclinando o corpo para trás.

Se vocês preferirem o frio, vão até as montanhas: Campos de Jordão, Friburgo ou até mesmo a Áustria ou o Tibete. Quando não for possível fugir assim, abaixem a temperatura, coloquem casaco e preparem chocolate quente ou alguma outra bebida quente. Fiquem agarradinhos embaixo do cobertor.

Descubra qual é o paraíso romântico de seu amor e crie um ambiente semelhante como uma surpresa de aniversário especial.

Levada

Sature seus sentidos

Qual é sua idéia de paraíso no quarto? De que cores, cheiros, texturas e gostos você gosta mais? Prepare tudo do seu jeito, surpreenda seu(sua) companheiro(a) e curta um fim de semana ou uma noite cheia de sentidos.

Você acha a cor preta *sexy* e misteriosa? Compre *lingerie* preta nova para ambos.

Se gostarem de tecido macio contra a pele, comprem lençóis de cetim preto. Se preferirem a maciez do veludo, comprem um cobertor de veludo preto (não muito caro), de forma que possam se perder em suas pregas sensuais. Tinjam de preto um pedaço de gaze ou algum tecido de algodão e cubram a cama, prendendo-o nos cantos do veludo.

Envolvam o quarto em sombras tremulantes de velas pretas com essência de suas fragrâncias favoritas. Alcaçuz ajudará a apimentar o ambiente.

Agora, preparem seus drinques favoritos, talvez vaca-preta e caviar preto com biscoito. Coloque sua música favorita e depois a de seu(sua) companheiro(a)!

boazinha
Hora de colher

À medida que o tempo vai ficando mais fresco e que as férias do meio do ano vão se aproximando, todos os pensamentos se voltam para a família e para os amigos. Por que não aproveitar tudo que esta estação tem a oferecer ao lado de quem você ama?

Participe de um festival da colheita junto com seu(sua) companheiro(a). Provem algumas das delícias da estação, como pão de abóbora bem quentinho ou cidra. Procurem peças de artesanato em tons pastel. Fiquem agarradinhos em volta de uma fogueira.

Vão até o campo em busca de um romântico passeio de charrete à noite. Deixem-se levar pelo ritmo do cavalo enquanto estiverem sentados entre pilhas de feno. Aproveitem a maravilhosa paisagem oferecida pelas cores das árvores nessa estação.

Comprem uma abóbora bem grande, daquelas adequadas para esculpir. Passem a tarde toda criando lanternas de abóbora. Torrem as sementes da abóbora para preparar algum aperitivo. Essas atividades certamente aquecerão seu coração e sua família!

Levada

Caindo de amores por você

Durante os meses do outono, as idéias românticas podem ficar um pouco mais escassas, uma vez que os corpos ficam perdidos no meio dos agasalhos. Por que não tirar um pouco dessa roupa?

Planeje uma noite ao lado do companheiro e fiquem abraçadinhos, vestindo apenas calças e um suéter de moletom. Entrem debaixo da coberta e bebam uma garrafa de vinho. Façam amor lentamente. O tapete feito de pele de urso é opcional.

Entre com tudo no luxo e passe o dia junto com seu amor de molho em uma Jacuzzi ao ar livre. Quando esfriar, um banho de vapor pode ser ideal para fazer o sangue ferver um pouco. O ar estará gelado; portanto, não se esqueça de reservar dois roupões bem quentinhos.

Transformar o trabalho do jardim em algo um pouco mais *sexy* pode ajudar vocês dois a não verem a hora de ir lá para fora. Juntem uma pilha de folhas no jardim. Deitem em cima dela e façam amor no calor do sol da tarde. Não há nada melhor do que uma paisagem sensual!

boazinha

É tudo grego para mim

Os gregos antigos sabiam aproveitar a vida. Criaram grandes trabalhos de arte e arquitetura, cultivavam uva, estabeleceram cidades-Estado e construíram navios. Pegue algumas características dessa civilização e passe um dia ou fim de semana como os gregos.

Assistam, juntos, a um vídeo de viagem e leiam um guia turístico da Grécia ou façam uma viagem pelo país. Outra opção é visitar um museu próximo que esteja exibindo trabalhos da Grécia antiga.

Leiam sobre mitologia grega. Escolham nomes de deuses gregos que se pareçam com vocês e passem a se chamar assim. Para as mulheres, as opções incluem Hera, a rainha das deusas, Ártemis, a deusa da luta e da caça, e Afrodite, deusa do amor e da beleza. Para os homens, Zeus, o rei dos deuses, Eros, o deus do amor, e Hércules, deus da força.

Participem de um festival grego. Tentem comer folha de uva recheada, cordeiro ou *kebabs* com frutos do mar, *moussaka*, azeitonas, *baklava* e uma salada grega com queijo feta. Completem a refeição com um bom vinho grego.

Se vocês preferirem uma noite divertida em casa, usem lençol para criar uma toga e assistam aos filmes *Odisséia*, *Zorba, o Grego* ou mesmo *Calígula*.

FESTA DE TOGA

Levada

Festança e libertinagem

Toga, toga! Transforme sua sala ou quarto em um
festival da Grécia antiga.

Decore com muitas tigelas cheias de uva e taças de vinho de prata.
Pendure grinaldas de folhas verdes pelo quarto e tecidos brancos.
Acenda velas em candelabros compridos. Prepare um jantar exótico
com leite de cabra e figo, alimentos famosos por serem afrodisíacos.

Vistam togas feitas de lençol e criem coroas de oliva para colocar
na cabeça usando guirlandas de seda de uma loja especializada.
Completem o traje com sandálias.

Os gregos antigos criaram os Jogos Olímpicos. Acontece que
jogavam sem roupa. Criem seu próprio evento olímpico.
Usem bastante imaginação e nenhuma roupa. Busquem
a medalha de ouro.

Na lenda grega, Ulisses partiu em uma viagem perigosa pelo mar.
Entre os perigos, estava a passagem por águas em que sereias
sedutoras tentavam atrair os navegantes para a morte com seu
canto. Para conseguir resistir a essa tentação, Ulisses chegou
a se amarrar ao mastro do barco. Amarre seu parceiro
à cabeceira da cama. Será que você consegue fazer com que
ele caia em tentação?

boazinha

Mudando as estações

Você já se pegou sonhando com a praia naquele dia frio e chuvoso de inverno? Ou desejando que aquele calor infernal do verão desse um tempo? Escolha um dia e troque de estação!

Se vocês estiverem sentindo falta de saborear um suculento bife, planejem preparar uma refeição ao ar livre, no meio do inverno. Façam um piquenique de verdade, usando prato de papelão e utensílios de plástico.

Passeiem na praia em pleno inverno. Coloquem suas roupas mais quentinhas e passeiem de mãos dados pela orla.

Convença seu(sua) companheiro(a) a fugir um pouco do calor do verão e vão, juntos, a um ringue de patinação no gelo. Coloque seu suéter favorito, amarre seus patins e encante seu amor fazendo mágica com os pés.

Comemore o Natal no mês de julho, com uma árvore artificial e músicas natalinas. Essas idéias transformarão qualquer estação na estação do amor!

Levada

Esquentando o clima

Você anda sentindo que vocês estão presos em uma espécie de cio sazonal? Talvez esteja na hora de aumentar (ou diminuir) o calor. Transforme sua casa em um abrigo do tempo lá fora.

Reservem um tempo para fugir um pouco do triste inverno. Aumentem o aquecimento da casa e passem o dia usando seus trajes de banho mais sumários.

Aproveitem drinques tropicais e abram suas cangas ou toalhas de praia. Não se esqueçam de passar protetor solar um no outro. Vocês não querem se queimar demais!

Fujam um pouco do calor escaldante. Fiquem no ar condicionado e criem seu paraíso de inverno. Liguem a lareira e aproveitem uma noite romântica.

Bebam chocolate quente e fiquem abraçadinhos debaixo do cobertor. Façam amor com as meias nos pés em frente à lareira. Isso, sim, que são férias de verão!

boazinhas

Você mora em meu coração

O Dia dos Namorados é o dia mais romântico do ano. Comemorem criando cartões caseiros um para o outro.

Tirem fotos um do outro, fotos em *close*, para permitir que se veja bem o rosto. Usando essas fotos, façam uma colagem ou coloquem uma foto no meio do cartão. Agora, usem papel crepom vermelho e rosa, lacinhos, fitas e adesivos de cupido e coração para enfeitar. Não deixem de escrever declarações de amor, expressando seus sentimentos.

Ou comprem uma caixa cheia de cartões do Dia dos Namorados, com algum tema infantil, como personagens de desenho animado, super-heróis ou brinquedos. Escrevam mensagens diferentes em cada um deles e dê todos ao seu amor.

Peça uma *pizza* com rodelas de *pepperoni* formando um coração ou faça a comida favorita de seu(sua) companheiro(a) no almoço.

Com um buquê de margaridas, faça o clássico "Bem-me-quer, malmequer", mas use as palavras "Eu te amo porque..." em cada pétala.

Levada

Nus como o cupido

É provável que a tradição que envolve a troca de cartão no Dia dos Namorados tenha sua origem em um ritual pagão em honra à deusa Juno. Dê início a seus próprios rituais usando seu lado mais provocante.

Comprem alguma *lingerie* especial para o Dia dos Namorados, como um roupão ou uma cueca samba-canção de seda vermelha, calcinha vermelha de renda, *chambre* vermelho e luvas compridas até os cotovelos, roupas que proporcionam uma sensação deliciosa quando se encosta na pele nua. Visitem uma loja de produtos especializados e comprem roupas íntimas comestíveis ou chocolates com temas eróticos.

Durmam em lençóis de seda vermelho, iluminem o quarto com velas aromáticas estimulantes e dêem chocolate na boca um do outro. Toquem sua música sensual ou romântica favorita.

Façam tatuagens temporárias de cupidos ou coração.

Ou façam o papel de cupido, vestindo apenas um par de asas e uma auréola e arco-e-flecha. Tentem fazer o outro cair em seu encanto. Se quiserem tentar um efeito mais forte de querubim, pintem o corpo com tintura de pele vermelha ou dourada.

boazinha
Marcas de expressão

Às vezes, a vida fica séria demais. Por que não reservar um tempo ao lado de quem se ama e aproveitar o lado mais leve da vida?

Assista à comédia favorita ao lado do seu amor. Não importa se você gosta do humor indecente de *O Clube dos Cafajestes* ou de sacadas rápidas e sutis de Tracy e Hepburn: o importante é dividir essas gargalhadas com seu(sua) companheiro(a).

Aproveitem uma tarde inteira em algum teatro de comédia. Escolham um que ofereça *show* de comediante ou um grupo de improviso. Se vocês quiserem entrar e participar, procurem um espetáculo que abra o microfone para a platéia dar "seu *show*".

Passem a tarde contando suas piadas favoritas da infância. Não se esqueçam de rir até mesmo das piadas ruins! Aproveitem algumas idéias dos programas de tevê e planejem fazer uma "pegadinha" bem tranqüila e de bom gosto com algum amigo. Riam juntos e o mundo rirá com vocês.

LeVada

Piadas sujas

Alguma vez já aconteceu de você estar bem no clima e, de repente, cair na gargalhada? Está bem, pode não ser muito apropriado, mas essas idéias podem ajudar vocês a rir sem parar até chegar ao quarto!

Um pouco de competição pode ser bastante saudável em um relacionamento amoroso. Comecem uma competição de cócegas. Ficar rolando no sofá de tanto rir pode tornar até mesmo as notícias do telejornal mais leves. Quem desistir primeiro terá de fazer uma massagem ao vencedor!

Fiquem abraçadinhos na cama lendo um livro de piadas sujas. Pode não ser politicamente correto, mas essas piadas podem ser bem divertidas. Será que elas não proporcionam algumas boas idéias?

Reproduza sua piada favorita do filme *A Ambiciosa*. Parece que sempre existe uma longa lista de vendedores e caixeiros-viajantes que param na casa da fazendeira. Descubra o mistério e tente descobrir o que a moça ambiciosa tem a oferecer!

boazinha
Cuidando com amor e carinho

Seu(sua) companheiro(a) gosta de ser mimado(a) quando está se sentindo mal? Quem não gosta? Da próxima vez em que se sentir um pouco triste ou indisposto(a), dê a ele(a) um tratamento especial!

Compre vários cartões desejando melhoras, cole *band-aids* coloridos infantis, mesmo que não sejam necessários, compre flores, faça um estoque em casa da comida favorita dele(a) e cozinhe tudo o que ele(a) pedir. Dê vitaminas infantis daquelas bem divertidas para o(a) paciente e ligue várias vezes ao dia para acompanhar a melhora.

Se puder ficar em casa pelo menos por um dia, coloque um jaleco de médico branco ou um uniforme de enfermeira e tire o pulso e a temperatura do paciente com freqüência. Pegue uma colcha bem confortável, muitos copos de água ou suco e não se esqueça de ajeitar os travesseiros de tempos em tempos.

Se quiser algo mais especial, organize uma sessão de telegrama fonado ou uma terapia de massagem. Todo esse tratamento especial ajuda a acelerar a recuperação.

LeVada

Cura pelo sexo

Bom, você não é médica nem fez o papel de uma na televisão. No entanto, todos nós já brincamos de médico na infância. Tire a poeira daqueles crachás cafonas e entre de cabeça na sala de emergência.

Vista um jaleco branco ou uma roupa de enfermeira ou adquira alguma roupa cirúrgica de verdade de algum catálogo ou loja *on-line*. Elas vêm em diferentes cores e formas.

Agora, um de vocês pode ser o paciente, vestindo apenas alguns centímetros de toalha de papel (você sabe como essas roupas de papel são confortáveis!) e ficar deitado na cama. O outro deve entrar no quarto — batendo primeiro, claro —, vestindo roupa de médico. Faça as verificações normais, como reflexos do joelho, taxa de batimentos cardíacos e aqueles exames comuns que os médicos fazem em nosso corpo. Depois, usando uma esponja natural e um pouco de água, faça uma limpeza pré-operatória pelo corpo todo.

Ou criem um daqueles ambientes das séries de televisão sobre médicos em que dois profissionais ficam atraídos um pelo outro e caem em tentação dentro de um depósito de material ou em outra área proibida do hospital. Rápido, alguém pode abrir a porta!

boazinha

Dançando conforme a música

Regras, regras e regras! Elas estão por todos os lados. Na escola, no trabalho e nos relacionamentos. Todos têm suas regras. No entanto, nem todas têm de ser necessariamente restritivas. Por que não criar algumas que você não se importaria nem um pouco de seguir?

Com o(a) parceiro(a), escolha uma regra que deverá ser seguida pelos dois durante um dia inteiro. Crie um dia do "Elogio ao(à) companheiro(a)" ou das "Declarações de amor". Juntem as duas cabeças em busca de idéias para cada dia da semana.

Visitem uma loja de brinquedos e comprem um jogo de tabuleiro. Em vez de lerem e seguirem as instruções, criem outras regras. Ou criem um jogo próprio com base em seu relacionamento.

Passem a tarde conversando francamente sobre as regras do relacionamento. Se houver alguma questão com a qual vocês não concordem, discutam o que pode ser feito em relação a isso. Lembrem-se de que os dois devem controlar esse estabelecimento de regras.

LeVada

Rompendo com as regras

Vocês são rebeldes? Fazem tudo do seu jeito e não se importam em romper com as regras? Se não for esse o caso, pode estar na hora de vocês jogarem pela janela toda essa precaução.

Vocês evitam demonstrações públicas de carinho? É possível que tenham aprendido essas regras na escola.
Hoje é o dia de quebrá-las!

Vão ao cinema e fiquem namorando na última fila. Tirem o sapato e fiquem brincando com os pés embaixo da mesa de um restaurante. Passem a tarde no *shopping* e se agarrem dentro do provador.

Façam o jogo das "Regras" ao longo do fim de semana. Escolham algumas regras para tornar o tempo junto mais romântico. Estabeleçam uma regra no sentido de que vocês não podem falar sobre trabalho ou que não podem usar roupa no quarto. Quando um dos dois quebrar uma regra, o outro pode escolher uma punição adequada. Seja justa, mas firme!

boazinhas

Era uma vez...

O mundo dos contos de fada fica cada vez mais distante à medida que crescemos. Qual é sua história favorita? E a de seu companheiro? Voltem no tempo e se permitam recriar seus contos de fadas favoritos em casa.

Se for *Cinderela*, façam um passeio de carruagem e depois vão dançar em um baile. "Perca" um sapato quando sair da pista de dança. (Ah, e não se esqueça de voltar para casa antes da meia-noite.)

Se for *Branca de Neve e os Sete Anões* ou *A Bela e a Fera*, vão até a floresta e revivam a cena em que o príncipe acorda a princesa com um beijo.

Se for *João e Maria*, passeiem pelo bosque, mas arrumem um final feliz, terminando o passeio com um piquenique com biscoito de gengibre — e uma bússola.

Se for *A Princesa e a Ervilha*, coloque um presente especial debaixo do travesseiro de seu amor. Pergunte de manhã se ele achou. Surpresa! É bem provável que seu companheiro não seja um príncipe, mas você já devia saber disso mesmo.

Levada

Feitiço

Os contos de fadas originais dos Irmãos Grimm eram mais cruéis do que as versões atuais da Disney. Dê uma apimentada nessas histórias criando uma nova versão dentro de seu quarto para essas histórias clássicas.

Se *A Bela e a Fera* for a história favorita, assumam esses papéis, com um de vocês sendo o personagem rude e o outro, aquele que tenta amolecer o coração da fera selvagem.

Se vocês adoram a história *A Pequena Sereia*, entre na banheira e veja se o companheiro é capaz de quebrar o encanto que custou sua voz.

Há também a história do Pinóquio, com seu nariz que cresce. Vamos lá, usem a imaginação.

Talvez Rumpelstiltskin possa ser convencido a não trancá-la no sótão. É só usar os argumentos certos. Você pode até oferecer coisas sem valor ou com valor, para parecer mesmo que está atendendo a seus desejos.

Em *Chapeuzinho Vermelho*, é bem provável que você consiga convencer o Lobo Mau a não devorá-la, mas é bem possível que não resista a outras coisas.

boazinha

Um bom filho à casa torna

Todo mundo adora comemorar datas especiais. Casamentos, formaturas e aniversários são só algumas das ocasiões que pedem uma reunião festiva. Não se limite a esses eventos. Todo dia é dia de comemorar!

Parece que seu(sua) companheiro(a) está há dias fora da cidade a trabalho? Dê-lhe as boas-vindas com estilo.

Planeje uma reunião-surpresa com os amigos mais próximos e a família. Prepare uma faixa "Bem-vindo(a)" em que todos podem deixar uma mensagem personalizada. Decore a sala com bolas e serpetina colorida. Sirva os pratos preferidos dele(a). Dê um animado grito de "Surpresa!".

Se vocês preferirem comemorações mais íntimas, escolha uma noite durante a semana para recebê-lo(a) do trabalho. Flores, vinho e jantar à luz de velas são ótima maneira de mostrar o quanto você gosta dele(a).

Levada

Amor caseiro

Se sua vida amorosa está sendo prejudicada pelos compromissos diários, talvez esteja na hora de redescobrir as maravilhas que só sua casa pode proporcionar!

Escolha um dia para sair mais cedo do escritório e encontrar seu amor em casa. Abra uma garrafa de vinho bem gelada enquanto vocês preparam o prato favorito.

Preparem a mesa com seu melhor faqueiro, melhor louça e melhor toalha de linho. Aumentem o clima com um pouco de música romântica e luzes baixas. Não conversem sobre trabalho. Discutam sobre filmes em cartaz, eventos ou livros.

Depois de lavarem a louça juntos, aproveitem um bom banho de espuma. Ensaboem-se e esfreguem um ao outro com todo o carinho.

Sequem-se e dirijam-se imediatamente ao quarto. Proporcione a seu(sua) parceiro(a) uma longa sessão de preliminares. Quando sentirem que não conseguem mais esperar, façam amor noite adentro. Não existe nada como a nossa casa!

boazinha

Mais do que granola

As lojas de comida natural oferecem uma grande variedade de alimentos e produtos para o cuidado pessoal que podem ajudar a enriquecer sua vida.

Vocês podem ir juntos a uma loja e escolher alguns itens que nunca experimentaram antes, junto com alimentos que comprariam normalmente. Seja ousada! Compre também alguns ingredientes e cozinhe junto com seu companheiro.

Passem um dia inteiro comendo só alimentos saudáveis, inclusive suas frutas favoritas. Façam suco de fruta no liquidificador ou, então, à moda antiga, espremendo.

Depois, saiam para fazer algum exercício, de preferência, seu favorito. Façam alongamento ou aula de ioga juntos e depois pratiquem em casa.

Participem de uma feira de saúde e experimentem alguns produtos novos ou vão, juntos, a um festival *New Age*. Procurem conhecer aromaterapia, óleos de ervas e cristais.

Para vocês se divertirem um pouco em casa, façam seu próprio sabonete caseiro usando glicerina e outros produtos naturais. Ou comprem ervas, sequem-nas e coloquem-nas em uma garrafa com óleo de oliva morno, para criar um óleo delicioso em que se pode molhar o pão.

CUIDANDO DO CORPO

Levada

Sensações naturais

Ser bastante ágil no quarto poderá abrir um mundo novo de possibilidades. Aproveitem melhor a vida esticando os músculos.

Comprem um livro ou um vídeo sobre alongamento, ioga ou outros exercícios que vocês podem praticar juntos. Tentem primeiro com roupas, depois tirem tudo e façam os exercícios nus.

Separem alguns óleos de aromaterapia, velas ou incensos e criem um ambiente de cura. Toquem música instrumental ou *New Age*. Liguem o ventilador na direção daqueles sinos artesanais chineses ou uma tigela tibetana e acompanhem os sons.

Comprem sabão, sal ou cubinhos de açúcar e uma esponja natural em uma loja de produtos naturais e usem-nos na banheira ou no chuveiro.

Agora, abusem das loções e dos óleos. Coloquem uma toalha bem grossa em cima da cama para criar uma mesa de massagem. Assistam a um vídeo ou procurem um livro com procedimentos de massagens e pratiquem os movimentos um no outro. Diga ao(à) parceiro(a) onde está doendo. Você também pode usar uma bucha de sementes ou um pouco de lama e fazer uma limpeza mais profunda em seu amor.

boazinhas

Arte com argila

Vocês adorariam encontrar uma válvula de escape para as suas inclinações artísticas? Tentem aprender algumas idéias com os grandes escultores da Renascença. Arregacem as mangas e mão na massa!

Procurem aulas de arte em alguma universidade pública ou algum instituto de arte. Escolham uma aula que interesse a ambos. Pode ser aula de cerâmica ou de escultura.

Se vocês preferirem uma noite especial, visitem uma galeria do tipo "pinte sua própria cerâmica". Essas lojas podem ser encontradas em muitos lugares. Por um preço bem acessível, vocês podem escolher entre uma grande variedade de cerâmicas. Muitos desses lugares também oferecem comida e bebida, além do material de arte.

Dêem uma apimentada na brincadeira das charadas usando argila para dar as dicas. Convidem alguns amigos e formem duas equipes. Vocês não precisam ser Michelângelo para apreciar essa reuniãozinha divertida!

Levada

Moldar e modelar

Quem imaginaria que trabalhar com argila poderia ser tão *sexy*? Demi Moore e Patrick Swayze imortalizaram a paixão da cerâmica no filme *Ghost*.

Recrie essa famosa cena de amor com seu parceiro. Peguem emprestado ou aluguem um torno portátil, uma daquelas rodas que fazem a argila girar e permitem criar objetos de cerâmica. Diminuam as luzes e deixem a música "Unchained Melody", de Righteous Brothers, tocar suavemente ao fundo. Adicionem um pouco de argila e água e deixem a imaginação cuidar do resto. Não se esqueçam de colocar no chão jornal ou algum pano velho. A bagunça pode ser grande!

Pratiquem esculpir a forma do corpo humano, tomando seu(sua) companheiro(a) como modelo. Peça que ele(a) pose sem roupa. Crie a pose perfeita movendo o corpo dele(a) suavemente. Passe a mão pela pele do(a) companheiro(a).

Massageie os músculos dele(a) como se fosse argila. Incentive-o(a) a retribuir o favor e façam massagem um no corpo do outro. Quem precisa de argila para criar uma obra-prima?

boazinha
Fazendo biquinho

Lembra do jogo "pega-pega"? Todas as crianças saíam correndo enquanto uma precisava pegar as outras? Quem fosse pego passava a ser o "pegador". Apimente um pouco o conceito, transformando a brincadeira em "pega-pega do beijo".

Se vocês forem fazer isso em casa, continuem fazendo suas tarefas normais. Sempre que passarem um pelo outro, beijem-se.

Ou, se estiverem precisando de um pouco de dinheiro, façam a brincadeira das festas juninas, relativa à barraca do beijo. Coloquem uma placa, talvez um cartaz de cartolina na mesa de jantar ou da cozinha, informando que cada beijo custará 1 real. O que você fará com todo esse dinheiro?

Quando saírem juntos, dirijam-se a uma loja bem grande e se separem. Sempre que se encontrarem, troquem um beijo. Ou brinquem de pega-pega, discretamente, claro, em um supermercado, beijando-se quando forem pegos.

LeVada

Colado em você

Brinquem de pega-pega dentro de casa, usando todos os cômodos como campo de batalha.
Dessa vez, em vez de usar o beijo para "pegar", usem adesivos e brinquem sem roupa.

Antes de tudo, tirem toda a roupa e façam uma espécie de alongamento. Agora, separem uns adesivos ou selos e definam onde será a base. Para escolher quem deverá pegar primeiro, joguem um dado. Corram pela casa e colem o maior número possível de adesivos no outro, nos lugares mais infantis, de preferência. Sempre que alguém chegar à base, é hora de trocar de lugar.

Vocês ainda podem adicionar o elemento "esconde-esconde", revezando-se em quem se esconder. Quando encontrar, colem o maior número possível de adesivos antes que o outro chegue à base.

Depois de dez minutos, digam "alto" e contem quantos adesivos estão no corpo de cada um. Depois, retirem-nos lentamente, fazendo carinho logo em seguida e uma boa massagem para relaxar depois de todo esse exercício. No final do jogo, vocês dois serão vencedores.

boazinha

Gênios generosos

Não seria maravilhoso ter seu próprio gênio pessoal? Todos os seus desejos mais loucos seriam realizados com uma simples esfregada na lâmpada. Pegue sua flanela e comece a esfregar!

Crie uma lâmpada para ser usada por vocês. Deixe-a bem brilhante, enfeitando-a com jóias de plástico e pedras preciosas falsas. Escreva seus desejos mais secretos em tiras de papel e coloque-as dentro da lâmpada.

Quando vocês tiverem um dia inteiro para passar juntos, abram a lâmpada maravilhosa e sorteiem um desejo. Pode ser que vocês tenham de usar a criatividade nos desejos mais grandiosos. "Desejo um carro novo" pode ser "realizado" passando a tarde toda procurando um carro novo em um feirão de automóveis.

Pensem juntos e façam uma lista com três desejos comuns. Usem a lâmpada para guardar moedas e trocadinhos, com o objetivo de realizar o desejo. Seu desejo é uma ordem!

Levada

Noite das Arábias

As histórias de Aladdin e a lâmpada maravilhosa dão vontade de ter aventuras românticas em algum lugar bem distante? Diga "Abra-te Sésamo" e libere a paixão de uma noite quente nas Arábias!

Transformem sua casa em um palácio exótico, ideal para um príncipe ou princesa. Toquem alguma música indiana. A luz tremulante de lampiões pode adicionar um clima de romance.

Criem um dormitório real, cobrindo a cama com um pano bem macio e volumoso. Enfeitem a cama com lençol de cetim sensual e acendam incenso com fragrâncias para ajudar a criar o clima.

Receba seu mestre na porta, vestindo um traje de gênio. Tecidos transparentes são ideais para destacar sua capacidade de realizar desejos. Leve o(a) companheiro(a) a um passeio pelo tapete mágico. Qualquer tapete serve. Segure firme enquanto faz amor e leve seu(sua) companheiro(a) até as nuvens!

boazinhas

Motoqueiros

As motos sempre representaram liberdade e um certo sentimento de ousadia. Existem aficionados por esse veículo de duas rodas de todas as idades e de todos os estilos de vida. É a paixão que compartilham pela estrada e pelo ar livre que os une.

Alugue ou pegue emprestado uma moto e convença seu amor a passar uma tarde no campo. Sinta a moto adquirindo vida embaixo de vocês, enquanto exploram as estradas da região.

Participem de um rali de moto com outros entusiastas do veículo. Em geral, essas exibições se realizam em prol de alguma obra de caridade local.

Mesmo que vocês não tenham uma moto, vistam-se como se tivessem. Saiam para o *shopping* e comprem um par de botas ou calças de couro. Vocês dois vão parecer dois motoqueiros cheios de estilo!

Levada

Circuitos sensuais

Além de ser extremamente libertador, as motos trazem uma sensação de liberdade sexual. Que outra oportunidade você tem de colocar algo assim excitante entre as pernas?

Participem de um festival de moto e vistam a roupa mais justa que tiverem. Os motoqueiros não têm vergonha de mostrar o corpo, e a razão é boa. As moças, em geral, usam *tops* esportes bem justos e *shorts* bem curtos, enquanto os homens usam calça *jeans* justa e exibem o tórax.

Entrem em uma competição "Motoqueiro mais *sexy*". Esses eventos permitem que você se exiba para uma platéia mais do que entusiasmada. Dêem uma piscadinha um para o outro, enquanto um dos dois estiver no meio da platéia.

Planejem um encontro bem sedutor na moto dentro da garagem. Abaixem o arranque e tirem as roupas. Façam amor no assento. Brincar na moto nunca foi tão divertido!

BOMBARDEIOS PUBLICITÁRIOS

RP competente

Como almas gêmeas, vocês são os "patrocinadores" um do outro. Coloquem todos os sentimentos em palavras e tornem-se relações-públicas de seu amor.

Sentem-se juntos com um cronômetro ou um relógio com marcação de segundos e escrevam anúncios de rádio de 30 segundos dizendo o quanto seu(sua) parceiro(a) é maravilhoso(a). "Venda" seu amor usando palavras descritivas e um tom bem entusiasmado. Depois, leiam um para o outro, usando a melhor voz de locutor de rádio.

Escreva um pequeno *press release* que descreva as melhores qualidades de seu amor. Finja que está fazendo uma apresentação ao mundo. Explique o(a) que o torna tão atraente.

Você também pode escrever algum anúncio de jornal sobre as conquistas dele(a), talvez um novo emprego, promoção ou algum prêmio. Algumas cidades publicam esse tipo de anúncio no jornal.

Se vocês preferirem um presente de aniversário, gravem uma fita com depoimentos dos amigos e familiares, falando sobre suas excelentes qualidades. Peçam que incluam histórias engraçadas que ilustrem o que estão falando. Convidem para assistir à estréia do filme.

Jornalismo de tablóide

As manchetes dos tablóides vendidos em supermercados revelam todo tipo de informação privada da vida das celebridades. Costumam incluir detalhes íntimos sobre sua vida sexual, por exemplo. Será que vocês conseguem competir? Comecem sua própria aventura sexual e coloquem-na no jornal.

Escreva uma crítica bem sensual do melhor desempenho sexual do seu(sua) companheiro(a). Adicione muitos detalhes, inclusive aqueles que não aconteceram! Escreva como se fosse uma cena de um filme erótico ou uma história picante.

Durante uma semana, façam um diário sobre pensamentos ardentes sobre o outro enquanto não estiverem juntos. Depois, no sábado à noite, leiam todas as decrições da semana um para o outro.
Não há dúvida de que vai sair faísca.

Ou procurem um trecho bem picante em algum romance, leiam para o outro e reproduzam a cena. Vocês também podem assistir a uma cena mais quente de um filme e fazer o mesmo.

As celebridades tomam atitudes loucas, como fazer amor no banco traseiro da limusine, durante uma festa na casa de alguém, no telhado de um prédio ou na piscina.
Qual é a sua fantasia? Realize-a!

boazinha
Em alto-mar

Quando o sol chega ao ponto máximo no céu e a brisa, com seu aroma, beija sua pele, os pensamentos se voltam para a água refrescante. Agarre seu companheiro e pegue uma reta até o rio, lagoa ou oceano mais próximo.

Preparem uma bolsa com todo o material necessário e entrem de cabeça em uma aventura de pescaria. Reservem um barco ou uma escuna.

❦

Se vocês estiverem em busca de algo mais agitado, aluguem um barco e vão esquiar na água. Liberem o surfista que existe dentro de vocês e passem um dia inteiro surfando.

❦

Não é possível ir para o litoral nesse fim de semana? Inscrevam-se em aulas de mergulho. Muitas áreas oferecem aulas para iniciantes. Depois que tiverem um diploma, planejem uma viagem para mergulhar em um local exótico.

❦

Programem uma viagem para fazer *snorkel* entre os peixes tropicais coloridos e os recifes intocados. Seja qual for a escolha, será um mergulho e tanto!

Levada

Barco do amor

Não há nada melhor do que romance em mar aberto. O som suave das ondas gera em você um sentimento de tranqüilidade; o vento abafado esquenta as noites e seu amor abraçadinho, enquanto vocês assistem ao reflexo das estrelas na água. Entre no barco e engate a quinta!

Planejem dar uma escapadinha nas férias. Muitos cruzeiros oferecem pacotes de poucos dias com paradas em locais paradisíacos e, dependendo do local escolhido, poderão não sair tão caro assim.

Passem o dia tirando juntos uma soneca sob o sol ou, então, tentem a sorte no cassino do barco. Melhor ainda: coloquem o aviso "Não perturbe" na porta e façam amor a viagem toda.

Aluguem ou peguem emprestado um barco e aproveitem o dia se bronzeando ao sol. Se o barco tiver uma cabine, desçam para o convés e aproveitem um encontro íntimo. A combinação de seu movimento sensual e do balançar do barco certamente farão seu(sua) companheiro(a) desejar estar sozinho(a) com você em uma ilha deserta.

boazinha

Hoje é seu aniversário

Como ele(a) prefere comemorar o aniversário? Só vocês dois, com familiares, os amigos mais próximos ou com todo mundo? Ele(a) gosta de surpresas?

Descubra e planeje a noite perfeita. Para isso, pode ser necessário conversar com amigos e familiares ou fazer um trabalho de espionagem, interrogando seu(sua) companheiro(a).

Se ele(a) gostar de surpresas, vão a um de seus restaurantes favoritos ou passem o fim de semana em um lugar que ele(a) adore, uma cidade com *resort* ou um acampamento de pescaria.

Se ele(a) preferir ajudar a planejar o evento, escolham um tema para que todos venham vestidos a caráter ou com determinado tipo de presente. O tema pode ser esporte, programas de televisão, filmes ou mesmo uma tarde inteira dedicada a jogos de tabuleiro ou de cartas.

Ou, então, escolha um local especial para encontrar os amigos e familiares, como um bar, uma casa de fliperama, o *lounge* de um hotel, um lugar de minigolfe, um ringue de patinação ou um teatro. Muitos restaurantes criam momentos especiais para aniversários, mas não se esqueça de combinar tudo com o gerente.

Levada

Roupas de aniversário

Mesmo aquelas pessoas que não gostam de surpresas, certamente gostarão de comemorar o aniversário dessas opções, porque todas ocorrem na privacidade de casa.

Quando ele chegar do trabalho no grande dia, esteja com o corpo coberto apenas por papel de presente e um grande laço na cabeça. Cole uma etiqueta dizendo "Surpresa dentro" ou qualquer outra mensagem sem-vergonha. Deixe o papel solto.

Leve o bolo de aniversário até o quarto. Depois que as velas forem apagadas, dê o bolo na boca dele. Em seguida, esfregue gelo no corpo dele e lamba.

Faça um "bolo" gigante com uma caixa de papelão bem grande ou uma menor em cima de uma maior. Pinte de branco e decore com fitas coloridas. Quando ele chegar em casa, surja na frente dele sem nada no corpo, só um sorriso.

Um garoto ou uma garota podem fazer uma interpretação *sexy* de "Parabéns pra Você", à la Marilyn Monroe.
Ou, então, contrate um telegrama fonado ou um(a) mensageiro(a) *sexy* que entregará sua mensagem. Isso tudo certamente aquecerá o clima de sua comemoração particular!

boazinha

Mantendo o ritmo

Apesar de a vida passar muito depressa, nossa sociedade parece não conseguir acompanhar o ritmo. Aperte os cintos, ligue os motores e saia voando!

Desafie seu(sua) companheiro(a) a umas voltas em alguma pista de Kart local. Algumas áreas oferecem atrações que simulam uma corrida. Ou visitem um parque de diversões e aproveitem a valer na autopista.

Se vocês estiverem com sorte, visitem uma pista de corrida de cavalo e apostem uma graninha. Limitem-se a gastar pouco e torçam pelos seus favoritos.

Entrem em um clube de corrida e treinem juntos. Correr é uma ótima maneira de entrar em forma e se divertir ao mesmo tempo.

Se vocês forem mesmo fãs de carros, façam planos para ir a uma corrida — de Fórmula 1 ou até mesmo a Stock Car — ou comprem um *game* simulador e joguem pelo computador. Vocês se verão no círculo dos vencedores!

Levada

Ligue os motores

Depois que foram criados, os automóveis vêm despertando fascínio em todo o mundo. Os carros de corrida têm um lugar especial nos corações dos mais valentões de todas as idades. Essas idéias certamente farão seu(sua) companheiro(a) rugir feito um leão!

Aluguem ou peguem emprestado um carro esporte por um dia. Depois de passar um tempo explorando a estrada, encontrem um lugar tranqüilo para estacionar. Namorem no banco traseiro como se fossem adolescentes.

Passem uma tarde ensolarada lavando e encerando o carro. A combinação de espuma de sabão e uma camiseta branca apertada e *shorts* curtos é de virar a cabeça. O clima pode esquentar de verdade; então, é bem provável que vocês precisem se refrescar com a água da mangueira.

Uma outra opção é participar de uma corrida de carro sem roupa. Existem comunidades nudistas que oferecem eventos desse tipo. Amarrem os sapatos e deixem o pé pesar!

boazinha

Adeus, ano velho

Enquanto os últimos grãos de areia da ampulheta caem,
aproveite a companhia de velhos conhecidos.
Eles não serão esquecidos tão cedo!

Tire do armário seu melhor vestido ou *smoking* para dar as boas-
vindas ao Ano-novo em roupas de gala. Sejam ousados e contratem
uma limusine com chofer para levar vocês dois para jantar e dançar.

Façam planos para passar as festas no coração das comemorações
da cidade onde moram. Façam suas reservas
com antecedência e reservem um quarto de hotel com
vista para a multidão.

Procurando algo mais tranqüilo? Passe o *réveillon* deitado(a) no sofá
ao lado daquele(a) que você ama. Preparem seus aperitivos favoritos
e abram uma garrafa de champanhe enquanto comemoram a
passagem de outro ano em todas as regiões do planeta.

Façam uma exibição de fogos de artifício em uma área permitida.
Vocês começarão o ano explodindo de alegria!

LeVada

Tudo que brilha

Você está esperando um Ano-novo cheio de brilho?
Planeje um *réveillon* especial que certamente fará
seus olhos brilhar.

Passe as festas em casa com seu(sua) companheiro(a) vestindo
apenas um chapéu de festa estrategicamente colocado ou um par
de adesivos com lantejoulas para seios. Um toque de brilho de
purpurina no corpo pode acrescentar a quantidade certa de brilho à
noite. Não será necessário colocar nenhum som porque vocês dois
ficarão encarregados de produzir os sons sensuais.

Escolham um local bem ousado para fazer amor pela primeira
vez no Ano-novo. A expectativa tornará os últimos minutos
parecerem horas. Quando o relógio bater zero hora, corram
para esse encontro quente.

Criem uma lista de resoluções sexuais que deverão ser mantidas
no novo ano. Compartilhem seus desejos secretos e façam
promessas que trarão prazer aos dois. Quando a contagem
regressiva terminar, começará a diversão. Parece que o
Ano-novo já vai começar bem!

Agradecimentos

Antes de mais nada, gostaria de agradecer a meus pais por incentivarem meu interesse pela leitura e por confiarem em mim também quando o assunto não era escrever. A minhas irmãs, meu muito obrigada por todas as horas de brincadeiras criativas que nos ajudaram a desenvolver uma imaginação saudável. Gostaria de agradecer também pelo incentivo de minhas amigas literatas, Lisa, D. L. e Cindy. Devo muito da inspiração de minhas idéias românticas às grandes damas dos romances góticos, Phyllis A. Whitney e Victoria Holt, obras recheadas de heroínas relutantes, homens persistentes e seus encontros amorosos em misteriosas mansões litorâneas.

— Amy

Gostaria de agradecer à minha família, especialmente à minha mãe e à minha irmã, que sempre ouviram todas as minhas ladainhas insanas e me ajudaram em muitos momentos de bloqueio durante os quais não conseguia escrever. Ofereço meu carinho a todos os meus amigos. Em especial, gostaria de agradecer a Martina, pela inspiração da levada, e a Maria, pelo incentivo à boazinha, e às divas que tornaram a separação entre ambas menos clara. Finalmente, uma salva de palmas a todos os malucos do trabalho que agüentam diariamente meu conhecimento trivial sobre as comédias de Hollywood.

— Boyd

Um agradecimento especial a Deborah Werksman, da Sourcebooks, Inc., que viu potencial na idéia e se dispôs a trabalhar conosco para tornar este livro algo especial.

Outros títulos publicados pela Editora Best*Seller.*

MENTIRAS DE AMOR
Deborah McKinlay

Interesses, hábitos, preferências, rotinas... às vezes, parece que nada foi feito para se encaixar no relacionamento entre homem e mulher. É nessas incongruências que Deborah McKinlay se inspira para mostrar as mentiras de amor que todos praticamos. Omissões, enganos, palavras mal escolhidas e incompreendidas que constroem as pequenas tragédias da vida a dois — selecionadas e apresentadas no livro com o humor e o sarcasmo característicos de toda mentirinha doméstica.

101 COISAS QUE NÃO ME CONTARAM ANTES DO CASAMENTO
Linda e Charlie Bloom

Fazer o amor durar. Essa é a proposta de Linda e Charlie Bloom em *101 coisas que não me contaram antes do casamento*. Um ideal audacioso, mas perfeitamente possível. No livro estão alguns dos requisitos básicos para o sucesso de uma relação, percebidos pelos autores em anos de aconselhamento familiar e mais de três décadas de vida a dois — conselhos que ajudam a compreender os altos e baixos da convivência e a garantir a longevidade de todas as juras de amor.

DESCOMPLIQUE A RELAÇÃO
Robin Prior e Joseph O`Connor

Você sabe o que faz um relacionamento dar certo? Sabe como escolher alguém que realmente combine com você? *Descomplique a relação* reúne estratégias simples para aprimorar os relacionamentos pessoais e amorosos por meio de técnicas de Programação Neurolingüística — uma mãozinha da ciência para o sucesso da vida a dois.

Visite a nossa *home page*:
www.editorabestseller.com.br

Você pode adquirir os títulos da Editora Best*Seller*
por Reembolso Postal e se cadastrar para
receber nossos informativos de lançamentos
e promoções. Entre em contato conosco:

mdireto@record.com.br

Tel.: (21) 2585-2002
Fax.: (21) 2585-2085
*De segunda a sexta-feira,
das 8h30 às 18h.*

Caixa Postal 23.052
Rio de Janeiro, RJ
CEP 20922-970

Válido somente no Brasil.

Este livro foi composto na tipologia Futura, em corpo 10/13.6, impresso em papel off-white 80g/m², no Sistema Cameron da Divisão Gráfica da Distribuidora Record